Cristianismo *puro* e *simples*

Tradução:

Gabriele Greggersen

Cristianismo *puro* e *simples*

C. S. LEWIS

Edição *especial*

THOMAS NELSON BRASIL®

Título original: *Mere Christianity*

Publisher	*Omar de Souza*
Gerente editorial	*Samuel Coto*
Editor	*André Lodos Tangerino*
Assistente editorial	*Bruna Gomes*
Copidesque	*Jean Carlos Alves Xavier*
Revisão	*Davi Freitas, Gisele Múfalo e Hugo Reis*
Projeto gráfico e diagramação	*Sonia Peticov*
Capa	*Rafael Brum*

CIP—BRASIL. CATALOGAÇÃO NA FONTE
SINDICATO NACIONAL DOS EDITORES DE LIVROS, RJ

L652c
Lewis, C.S.
Cristianismo puro e simples / C.S. Lewis; traduzido por Gabriele Greggersen.
1ª ed. — Rio de Janeiro: Thomas Nelson Brasil, 2017.
288 p. : il. ; 21 cm
Tradução de: *Mere Christianity*
ISBN 978-85-7860-1775

1. Cristianismo 2. Vida cristã I. Greggersen, Gabriele II. Título.

17-43826 CDD: 248.4
CDU: 248.4

Thomas Nelson Brasil é uma marca licenciada à Vida Melhor Editora, LTDA.
Todos os direitos reservados à Vida Melhor Editora LTDA.
Rua da Quitanda, 86, sala 601A — Centro
Rio de Janeiro — RJ — CEP 20091-005
Tel.: (21) 3175-1030
www.thomasnelson.com.br

Cristianismo *puro* e *simples*

Clive Staples Lewis (1898-1963) foi um dos gigantes intelectuais do século XX e provavelmente o escritor mais influente de seu tempo. Era professor e tutor de Literatura Inglesa na Universidade de Oxford até 1954, quando foi unanimemente eleito para a cadeira de Inglês Medieval e Renascentista na Universidade de Cambridge, posição que manteve até a aposentadoria. Lewis escreveu mais de 30 livros que lhe permitiram alcançar um vasto público, e suas obras continuam a atrair milhares de novos leitores a cada ano.

SUMÁRIO

PREFÁCIO

O conteúdo deste livro foi inicialmente transmitido pelas ondas do rádio e, depois, publicado em três partes separadas: *Broadcast Talks* [Palestras de rádio] (1942), *Christian Behaviour* [Conduta cristã] (1943) e *Beyond Personality* [Além da personalidade] (1944). Nas versões impressas, fiz alguns acréscimos ao que eu disse ao microfone, mas, de maneira geral, não alterei o texto. A meu ver, uma "preleção" de rádio deve se parecer ao máximo com uma conversa, isto é, não deve soar como um ensaio acadêmico sendo lido em voz alta. Assim, em minhas palestras, procurei empregar todas as contrações e os coloquialismos que costumo utilizar no meu falar habitual. Tentei reproduzir esse feito na versão impressa. E toda vez que enfatizava a importância de uma palavra pela entonação de voz na versão impressa, eu a escrevia em itálico. Entretanto, agora estou inclinado a acreditar que isso foi um erro — um híbrido indesejado entre a arte de falar e a arte de escrever. Um orador deve usar variações de entonação para dar ênfase, porque o seu meio de comunicação se presta naturalmente a esse método; contudo, um escritor não deve se valer de itálicos com o mesmo propósito, uma vez que dispõe de outros meios diferenciados de expressar as palavras-chave e, portanto, deve utilizá-los. Nesta edição, eliminei as contrações e substituí a maioria dos itálicos, reformulando as sentenças em que elas apareciam, mas isso sem — pelo menos assim espero — ter alterado o tom "popular" ou "familiar" que eu pretendia assumir o tempo todo. Também acrescentei alguns trechos e excluí outros quando percebia que minha compreensão dos assuntos havia sido aprimorada quando comparada ao meu entendimento de dez anos atrás e, também, quando deparava com trechos que, a meu ver, pudessem ter sido mal interpretados na versão original.

Aqui cabe um aviso ao leitor: não oferecerei qualquer tipo de ajuda a ninguém que esteja em dúvida entre duas "denominações" cristãs; em outras palavras, não espere de mim qualquer orientação no sentido de você se tornar um anglicano, católico romano, metodista ou presbiteriano. Essa omissão é intencional (até mesmo a lista que acabei de apresentar está em ordem alfabética), e também não faço mistério sobre a minha posição pessoal. Sou um leigo dos mais convencionais da Igreja Anglicana, sem preferência especial pela "Alta" ou pela "Baixa" Igreja, tampouco por qualquer outra coisa. Até porque, neste livro, minha intenção não é converter ninguém à minha posição particular, pois, desde que me tornei cristão, penso que talvez o melhor favor que possa fazer aos incrédulos que me cercam é explicar e defender a crença que tem sido comum a quase todos os cristãos de todos os tempos. Eu tinha inúmeros motivos para pensar assim. Em primeiro lugar, as questões que dividem os cristãos entre si muitas vezes envolvem pontos de alta teologia ou mesmo de história eclesiástica, que devem ser tratados exclusivamente pelos especialistas. Tais matérias estão fora do meu alcance: nessas águas profundas não tenho condições de ajudar ninguém; antes, preciso ser ajudado. Em segundo lugar, penso que se deve admitir que a discussão acerca desses pontos controversos não tem qualquer chance de trazer uma pessoa de fora para o seio do cristianismo. Se insistirmos em escrever e falar sobre isso, a probabilidade de desencorajarmos essa pessoa a ingressar em uma comunidade cristã é muito maior do que a de a atrairmos para a nossa denominação. Nossas divergências não devem jamais ser discutidas senão com aqueles que já acreditam que há um só Deus e que Jesus Cristo é o seu único Filho. Por fim, tenho a impressão de que há uma quantidade maior de autores — e também mais talentosos — engajados nessas questões controversas do que em defesa daquilo que Baxter chama de cristianismo "puro e simples". A parte que me coube no debate e para a qual eu me senti capaz de contribuir é também a mais modesta, e é para ela que enveredei naturalmente.

Pelo que sei, esses foram os meus únicos motivos, e agradeceria se as pessoas não fizessem inferências fantasiosas a respeito do meu silêncio sobre certas polêmicas.

Por exemplo, tal silêncio não significa necessariamente que eu esteja em cima do muro. Por vezes estou mesmo. Há questões em discussão entre os cristãos cuja resposta ainda não nos foi revelada. E há outras para as quais eu nunca terei uma resposta: se eu as fizesse, mesmo em um mundo melhor, poderia receber uma resposta (até onde sei) como aquela recebida por um inquiridor bem superior a mim: "O que lhe importa? Quanto a você, siga-me!" Mas há outras questões sobre as quais tenho opinião formada, e mesmo assim me mantenho em silêncio, pois não estou escrevendo para expor algo que eu poderia chamar de "minha religião", mas sim para expor o cristianismo "puro e simples", que é o que é, e o que já era muito tempo antes de eu ter nascido, independentemente de eu gostar disso ou não.

Certas pessoas tiram conclusões precipitadas do fato de eu nunca dizer mais sobre a virgem Maria do que aquilo que está relacionado ao nascimento virginal de Cristo, mas certamente meu motivo para não fazê-lo é óbvio, não é? Dizer mais do que isso me levaria imediatamente para âmbitos altamente controversos, e não há controvérsia entre os cristãos que deve ser tratada com maior delicadeza do que essa. As crenças católico-romanas nessa matéria não são defendidas com o fervor comum que se associa a todas as crenças religiosas sinceras, mas (muito naturalmente) com a sensibilidade peculiar e, por assim dizer, cavalheiresca que uma pessoa sente quando a honra de sua mãe ou sua amada está em questão. É muito difícil divergir do católico nesse ponto sem lhe parecer malcriado ou até um herege. Por outro lado, as crenças protestantes opostas sobre esse assunto evocam sentimentos que vão até as raízes de todo tipo de monoteísmo. Para os protestantes radicais, parece que a distinção entre o Criador e a criatura (por mais santa que seja) está sendo ameaçada pelo renascimento do politeísmo. Portanto, é difícil discordar deles sem parecer, aos seus olhos, pior do que um herege — um pagão. Se há um tema que poderia arruinar um livro sobre o cristianismo "puro e simples" — se há algum tema capaz de tornar completamente improdutiva a leitura de pessoas que ainda não creem que o filho da virgem é Deus —, certamente é esse.

Por mais estranho que pareça, você não poderá tirar conclusões do meu silêncio no que diz respeito a temas polêmicos — nem mesmo que eu os considere importantes, ou, ao contrário, sem importância — pois esse já é por si mesmo um dos pontos polêmicos. Uma das coisas sobre as quais os cristãos discordam é acerca da importância de sua discordância. Quando dois cristãos de denominações diferentes começam a discutir, certamente não demora para que um deles pergunte se tal ponto "realmente importa" e o outro responde: "Se isso importa? Mas é claro! É absolutamente essencial".

Estou dizendo tudo isso simplesmente para deixar claro que tipo de livro eu estive tentando escrever; certamente não para ocultar ou tentar fugir à responsabilidade por minhas crenças pessoais, pois, sobre elas, como eu disse antes, não há segredo. Para citar o Tio Toby[1]: "Estão todas escritas no Livro de Oração Comum".

---

[1] O tio Toby, ou Uncle Toby, é um personagem do livro *A vida e as opiniões do cavalheiro Tristram Shandy,* de Laurence Sterne (1713-1768). [N. T.]

O risco maior que eu corria era, sem dúvida, de apresentar como cristianismo comum qualquer coisa que fosse peculiar à Igreja Anglicana ou (o que seria pior) a mim mesmo. Tentei evitar esse tipo de coisa enviando o manuscrito original do que é atualmente o livro II para quatro clérigos (um anglicano, um católico romano, um metodista e outro presbiteriano) e submetendo-o à crítica deles. O metodista achou que eu não havia falado o bastante sobre fé; já para o católico romano eu tinha ido longe demais na falta de importância atribuída a teorias explicativas sobre a Expiação. No mais, todos nós concordamos. Não submeti os outros livros a um "veto" semelhante porque, embora possam suscitar diferentes opiniões entre os cristãos, são somente divergências individuais e entre escolas de pensamento, não entre denominações.

A julgar pelas resenhas e inúmeras cartas que me foram escritas, o livro, por mais que seja limitado em outros aspectos, alcançou sucesso ao menos em apresentar um cristianismo concordante, ou comum, ou central, ou "puro e simples". Nesse sentido, poderia ser útil refutar a acepção de que, se omitirmos os pontos divergentes, todo o restante seria um vago e minguado Máximo Divisor Comum (MDC). O MDC é algo não apenas positivo, mas também pungente, que se distingue das crenças não cristãs por um profundo abismo que não é em nada comparável nem mesmo às piores divisões internas ao cristianismo. Se eu não tiver servido diretamente à causa da reunificação, talvez tenha deixado claro por que deveríamos nos reunificar. Eu certamente já deparei com o afamado *odium theologicum*[2] de membros convictos pertencentes a outras comunidades cristãs, porém a hostilidade vem mais da parte daqueles que estão à margem, seja os de dentro da Igreja Anglicana, seja de fora — em outras palavras, aquelas pessoas que não são membros de nenhuma comunidade. Acho isso curiosamente consolador. É no seu centro, onde habitam os seus filhos mais honestos, que cada comunidade está de fato mais próxima da outra em espírito, senão em termos de doutrina, e isso sugere que no centro de cada uma há algo ou alguém que, apesar de todas as divergências de crença, de todas as diferenças de temperamento e de todas as memórias de perseguição mútua, fala a mesma língua.

Isso é tudo o que tenho a dizer sobre as minhas omissões relativas à doutrina. No Livro III, que trata da moral, também fiquei em silêncio sobre algumas coisas, mas por um motivo diferente. Desde que servi como soldado na Primeira Guerra Mundial, passei a ter uma aversão a pessoas que fazem exortações aos homens que estão na linha de combate enquanto elas próprias estão confortáveis e seguras. Em decorrência disso, tenho certa relutância em falar muito de tentações às quais eu mesmo não estou exposto. Parto do pressuposto de que nem todos são tentados por todos os pecados — a compulsão pelo jogo, por exemplo, não faz parte da minha natureza; e, sem dúvida, o preço que pago por isso é a falta de algum impulso bom

[2] *Odium theologicum* é uma expressão empregada para se referir ao ódio motivado por questões e divergências teológicas. [N. E.]

do qual essa compulsão seja o excesso ou a perversão. Portanto, não me sinto qualificado a dar conselho sobre o que é permissível ou não no jogo, se é que há algo permitido, pois não me atrevo nem mesmo a afirmar que tenha esse conhecimento. Também não falei nada a respeito do controle de natalidade, pois não sou mulher e nem mesmo casado ou um reverendo, portanto, não me vejo em condições de defender uma posição firme sobre sofrimentos, perigos e o preço daquilo de que estou protegido; além disso, também não exerço nenhuma atividade pastoral que me obrigue a isso.

Há objeções perceptíveis — e que também foram expressas — bem mais profundas contra o meu uso da palavra *cristão* no sentido de alguém que aceita as doutrinas comuns do cristianismo. As pessoas me perguntam: "Quem é você para determinar quem é e quem não é um cristão?" ou "Não é possível que muitas pessoas que não creem nessas doutrinas possam ser mais genuinamente cristãs, estando mais perto do espírito de Cristo, do que outras que creem?" Com certeza essa objeção é, em certo sentido, muito acertada, generosa, espiritual e sensível, e tem todas as qualidades acessíveis, exceto a de ser útil. Usar a linguagem como esses contestadores querem que a usemos seria simplesmente desastroso. Vou tentar deixar isso claro com base na história do uso de outra palavra, bem menos importante.

A palavra *gentleman* ["cavalheiro", em inglês] tinha, originalmente, um significado evidente: uma pessoa que tinha um brasão e que era proprietária de terras. Sempre que dizíamos que alguém era "um *gentleman*", não se estava fazendo nenhum elogio, mas simplesmente reconhecia-se um fato. Quando alguém se refere a outro como não sendo "um *gentleman*", isso não era nenhuma ofensa, mas uma informação. Não havia contradição em dizer que João era um mentiroso e, ao mesmo tempo, um *gentleman*; da mesma forma que não há contradição hoje em dizer que Tiago é um tolo e possui um mestrado. Mas depois vieram aqueles que disseram — de forma tão acertada, generosa, espiritual, sensível: tão tudo, menos útil — "Ah, mas a coisa mais importante acerca de um *gentleman* não é o seu brasão e suas terras, mas o seu comportamento! O verdadeiro *gentleman* é aquele que se comporta como tal! Não há dúvida, nesse sentido, de que Eduardo é um *gentleman* mais genuíno do que João!" E eles estão certos. Ser honroso, cortês e corajoso certamente são características bem melhores do que ter um brasão, mas não é a mesma coisa. E, pior: não se trata de algo com o que todos vão concordar. Chamar um homem de "um *gentleman*" nesse novo e refinado sentido da palavra na verdade, não é, de fato, uma forma de informar algo sobre ele, mas sim uma forma de elogiá-lo; ou seja, negar que ele seja "um *gentleman*" passa a ser um insulto. Quando uma palavra deixa de ter função descritiva e se torna meramente um termo de louvor, deixa de apresentar fatos sobre o objeto e passa a representar a atitude que o falante tem dele. (Uma "boa" refeição significa apenas uma refeição que tenha sido apreciada pelo indivíduo.) Depois que a palavra foi espiritualizada e refinada a partir de seu sentido comum e objetivo, ser um *gentleman* dificilmente significa mais do que alguém de quem se gosta. Dessa forma, a palavra *gentleman* tornou-se inútil. Já tínhamos inúmeros termos de aprovação, de modo que esse não era necessário para esse fim; por outro lado, se alguém (por exemplo no trabalho de historiador) deseja usá-lo no seu sentido antigo, não poderá fazê-lo sem ter de dar explicações, uma vez que ele já não serve para esse propósito.

Agora, se permitir que as pessoas comecem a espiritualizar e refinar, ou, como elas poderiam alegar, "aprofundar" o sentido da palavra *cristão*, ela também será em breve uma palavra sem utilidade. Em primeiro lugar, os próprios cristãos já não estarão em condições de aplicá-la a ninguém. Não cabe a nós dizer quem, no sentido mais profundo do termo, está mais próximo do espírito de Cristo, e também não conseguimos olhar dentro do coração das pessoas. Não cabe a nós fazer tal julgamento, e, na verdade, somos proibidos de fazê-lo. Seria a mais pura arrogância dizermos que alguém é ou não um cristão nesse sentido refinado. E, obviamente, uma palavra que nunca pode ser aplicada jamais se tornará muito útil. Já os incrédulos sem dúvida ficarão contentes por usar a palavra no sentido refinado, uma vez que, na boca deles, ela não será mais que elogio. Ao chamar alguém de cristão, para eles isso não significará nada além de que aquele indivíduo é um bom homem. Mas esse modo de usar a palavra não representará nenhum enriquecimento da linguagem, uma vez que já dispomos do adjetivo *bom*. Nesse meio-tempo, a palavra *cristão* terá sido despojada de qualquer propósito realmente útil a que pudesse ter servido.

Deveríamos, portanto, ser fiéis ao sentido original, mais óbvio. O nome *cristãos* foi empregado pela primeira vez em Antioquia (Atos 11:26) para designar os "discípulos", aqueles que aceitavam o ensino dos apóstolos. Não há dúvida de que ele era restrito àqueles que tivessem tirado o máximo proveito desse ensinamento, mas, ao mesmo tempo, não há dúvida de que ele foi estendido àqueles que, de alguma forma refinada, espiritual e intrínseca estavam "mais próximos do espírito de Cristo" do que o menos satisfatório dos discípulos. Não se trata de uma questão moral ou teológica, mas sim de empregar as palavras de tal forma que todos possamos entender o que elas significam. Quando um indivíduo que aceita a doutrina cristã não vive de acordo com ela, é muito mais esclarecedor dizer que ele é um mau cristão do que dizer que ele não é um cristão.

Espero que nenhum leitor suponha que o cristianismo "puro e simples" aqui proposto deva ser entendido como uma alternativa aos credos das comunidades existentes — como se uma pessoa pudesse adotá-lo preferencialmente ao congregacionalismo ou à Igreja Ortodoxa Grega ou a qualquer outra igreja. O cristianismo puro e simples é, antes, como um saguão de entrada a partir do qual várias portas se abrem para diversos cômodos. Se eu puder conduzir alguém ao saguão, terei alcançado meu objetivo, mas é nos cômodos, e não no saguão, que há lareiras, cadeiras e refeições. O saguão é uma sala de espera, um lugar a partir do qual se pode experimentar as várias portas, não um local para se morar. O pior dos cômodos (qualquer que seja) seria, a meu ver, preferível para esse fim. É bem verdade que certas pessoas acreditam que têm de esperar no saguão por um longo tempo, enquanto outras já sabem logo em qual das portas devem bater. Ignoro o porquê dessa diferença, mas tenho certeza de que Deus não deixa ninguém esperando, a menos que julgue que essa espera seja benéfica. Quando ingressar no seu cômodo, descobrirá que a longa espera lhe trouxe algum benefício, o qual você não teria obtido de outra forma. Mas você terá de encarar isso como uma espera, e não como um acampamento, e terá de perseverar na oração para que Deus o ilumine; e é claro que, mesmo estando ainda no saguão, terá de começar a tentar obedecer às regras comuns a toda a casa. Acima de tudo, deve estar se perguntando qual é a porta verdadeira; não qual lhe agrada mais por sua aparência externa. Em poucas palavras, a questão nunca deve ser: "Será que esse tipo de culto é do meu agrado?", mas sim "Será que essas doutrinas são verdadeiras: há santidade aqui? Será que minha consciência está me movendo nessa direção? Será que a minha relutância em bater nessa porta é por causa do meu orgulho, ou por questões de gosto pessoal, ou pelo fato de eu não ter empatia com o vigilante?"

Quando você tiver alcançado seu próprio cômodo, seja gentil com aqueles que escolheram portas diferentes da sua e também com aqueles que ainda estão no saguão. Se eles estiverem errados, vão precisar ainda mais de suas orações; e se eles forem seus inimigos, então você tem ainda mais a obrigação de orar por eles. Essa é uma das regras comuns a toda a casa.

INTRODUÇÃO

Este presente livro pede para ser interpretado em seu contexto histórico, como um gesto de coragem para contar uma história capaz de curar um mundo ensandecido. Em 1942, apenas 24 anos depois do fim de uma guerra brutal que ceifou toda uma geração de seus jovens, a Grã-Bretanha novamente estava envolvida em uma guerra. Desta vez, eram cidadãos comuns que estavam sofrendo, na medida em que a sua ilha-nação era bombardeada por quatrocentos aviões noite após noite, na famosa "blitz"[1] que mudou a face da guerra, transformando os civis e suas cidades em linhas de frente de batalha.

C.S. Lewis serviu nas terríveis trincheiras da Primeira Guerra Mundial quando era jovem e, em 1940, quando as bombas começaram a cair sobre a Grã-Bretanha, ele se alistou como oficial da vigilância antiaérea e passou a dar palestras

---

[1] Informações sobre a blitz e os pilotos da Força Aérea Real extraídas do livro de William Griffin, *Clive Staples Lewis: A Dramatic Life* [Clive Staples Lewis: uma vida dramática], nos trechos sobre os anos de 1941 e 1942. Holt & Rinehart, 1986.

aos homens da Força Aérea Real, os quais sabiam muito bem que, depois de apenas 13 missões de bombardeio, a maioria deles seria declarada morta ou desaparecida. A situação desses homens inspirou Lewis a falar sobre os problemas do sofrimento, da dor e do mal, trabalho este que resultou em um convite da BBC para uma série de palestras no rádio acerca da fé cristã em um período de guerra. Essas palestras, que foram ao ar de 1942 até 1944, acabaram sendo reunidas em um livro que conhecemos hoje como *Cristianismo puro e simples*.

Este livro, portanto, não consiste em meditações filosófico-acadêmicas. É, antes de tudo, uma obra de literatura oral, voltado a pessoas em estado de guerra. Que estranho deve ter sido ligar numa rádio, que vivia trazendo notícias de mortes e de destruição indizível, e ouvir um homem falando em um tom inteligente, bem-humorado e inquiridor sobre o comportamento digno e humano acerca da justiça e da importância de distinguir o certo do errado. Quando a BBC pediu a ele que explicasse aos seus conterrâneos britânicos em que os cristãos acreditam, C.S. Lewis executou esta tarefa como se fosse a coisa mais simples do mundo, e também a mais importante.

É difícil medir o efeito profundo das metáforas usadas no livro sobre seu público original: imagens do nosso mundo como um território ocupado pelo inimigo, invadido por poderes malignos empenhados em destruir tudo o que é bom, continuam sendo impactantes hoje. Todas as nossas noções de modernidade e progresso e todos os nossos avanços em tecnologia não foram suficientes para pôr fim à guerra. O fato de termos declarado o pecado obsoleto não diminuiu o sofrimento humano, e as respostas fáceis, que culpam a tecnologia, ou, por que não, as religiões do mundo, não resolveram o problema. O problema, insiste C.S. Lewis, somos *nós*, e a geração corrupta e perversa da qual os salmistas e profetas falaram há milhares de anos representa a nossa, sempre que nos submetemos a maldades individuais e sistêmicas como se fossem a única alternativa de ação.

C.S. Lewis, que certa vez foi descrito por um amigo como um homem apaixonado pela imaginação, acreditava que uma aceitação complacente do *status quo* reflete mais do que um colapso nervoso. Em *Cristianismo puro e simples*, não menos do que em suas obras mais fantasiosas, as histórias de Nárnia e narrativas de ficção científica, Lewis demonstra uma profunda fé no poder da imaginação humana para revelar a verdade sobre nossa condição e nos trazer esperança.

"Devagar se vai ao longe"[2] é a lógica tanto da fábula quanto da fé.

Sem consultar nenhuma autoridade além da sua própria experiência, como leigo e ex-ateu, C.S. Lewis explica aos seus ouvintes que foi selecionado para o trabalho de descrever o cristianismo para uma nova geração precisamente porque ele não era um especialista, mas "um amador... e um principiante, não um veterano".[3] Ele contou aos amigos

---

[2] "The longest way round", citado em *Cristianismo puro e simples.*

[3] "An amateur", citado em *Clive Staples Lewis: uma vida dramática*, da palestra de rádio de 11 de janeiro de 1942.

que aceitou a tarefa porque acreditava que a Inglaterra, que se considerava parte do mundo "pós-cristão", nunca havia sido, de fato, instruída a adotar noções básicas de religião. Assim como seu predecessor Søren Kierkegaard e seu contemporâneo Dietrich Bonhoeffer, Lewis busca em *Cristianismo puro e simples* ajudar-nos a encarar a religião com olhos renovados, como uma fé radical cujos adeptos podem ser associados a um grupo clandestino que se reúne na zona de guerra, um lugar em que a maldade parece imperar, para ouvir mensagens de esperança vindas do lado de lá.

O cristianismo "puro e simples" de C.S. Lewis não é uma filosofia, tampouco uma teologia que devesse ser considerada, debatida e guardada em um livro na estante. Trata-se de um estilo de vida que nos desafia a sempre lembrar, como Lewis declarou certa vez, que "não existem pessoas comuns" e que "é com os imortais que nós fazemos piadas, trabalhamos e casamos; são os imortais aqueles a quem esnobamos e exploramos".[4] Uma vez que entramos em sintonia com essa realidade, Lewis crê que nos abrimos para transformar nossas vidas criativamente de tal forma que o mal diminui e o bem prevalece. Foi isso que Cristo esperou que fizéssemos ao assumir a condição humana, santificando nossa carne e pedindo para que, em contrapartida, revelássemos Deus uns aos outros.

Se o mundo faz com que isso pareça uma tarefa impossível, Lewis insiste que não é. Até mesmo uma pessoa

[4] "There are no ordinary people", citado em "The Weight of Glory" ["O peso da glória"], palestra ministrada em 8 de junho de 1941.

que ele vê como "contaminada por uma criação miserável num lar cheio de invejas vulgares e brigas sem sentido"[5] pode ter garantias de que Deus tem plena consciência da "lata velha que você está tentando dirigir" e pede apenas que você "continue a dar o melhor de si". O cristianismo que Lewis abraça é humano, mas não é fácil: ele nos pede para reconhecer que a grande guerra religiosa não se trava em um campo de batalha espetacular, mas dentro do coração humano comum, quando acordamos cada manhã e sentimos as pressões do dia se abatendo sobre as nossas cabeças, e temos de decidir que tipo de imortais desejamos ser. Talvez nos sirva de consolo, da mesma forma que certamente serviu ao povo britânico cansado da guerra que ouviu estas palestras pela primeira vez, lembrar que Deus prega uma peça naqueles que buscam o poder a todo o custo. Como Lewis nos lembra, com seu humor e sagacidade costumeiros: "Quão monotonamente iguais têm sido todos os grandes tiranos e conquistadores; quão gloriosamente diferentes, todos os santos".[6]

KATHLEEN NORRIS

[5] "Poisoned by a wretched upbringing", citado em *Cristianismo puro e simples.*

[6] "How monotonously alike", citado em *Cristianismo puro e simples.*

LIVRO I

O certo e o errado como indícios para a compreensão do sentido do universo

CAPÍTULO 1

A *Lei* da *Natureza* *Humana*

Todos já viram pessoas brigando. Às vezes a discussão soa engraçada e, às vezes, simplesmente desagradável; mas como quer que soe, acredito que possamos aprender algo muito importante dando ouvidos ao tipo de coisa que elas falam. Elas dizem coisas do tipo: "Como você se sentiria se alguém fizesse o mesmo com você?" — "Esse lugar é meu, eu cheguei primeiro" — "Deixe-o em paz, ele não está incomodando você" — "Você empurrou primeiro" — "Dê-me um pedaço de sua laranja, eu lhe dei um pedaço da minha" — "Vamos lá, você prometeu!" As pessoas dizem coisas assim todos os dias, tanto as bem-educadas como as mal-educadas, e tanto crianças como adultos.

Agora, o que me interessa em comentários desse tipo é que a pessoa que os faz não está dizendo simplesmente que o comportamento do outro não lhe esteja agradando. Ela está apelando para um tipo de padrão de comportamento que espera que o outro conheça. E este último raramente responde: "Que se dane o seu padrão". Quase sempre ele tenta convencer a pessoa de que o que esteve fazendo não infringe o padrão de verdade ou que, no caso de infringir, haja alguma desculpa especial. Ele alega que há alguma razão especial nesse caso particular porque a pessoa que se sentou no lugar primeiro não deveria ocupá-lo; ou que as coisas eram bem diferentes quando ele recebeu o pedaço da laranja; ou que algum imprevisto o tenha impedido de cumprir a sua promessa. Tudo nos leva a crer que ambas as partes tinham algum tipo de Lei ou Regra de justiça, comportamento digno ou moral, ou coisa do tipo, sobre o qual realmente concordam. E eles concordaram. Se não o tivessem feito, poderiam até mesmo lutar como animais, mas não conseguiriam brigar no sentido humano da palavra. O intuito da briga é mostrar que o outro está errado; mas não teria sentido fazer isso a menos que você e ele tivessem algum acordo sobre o que é certo e errado, da mesma forma como não teria sentido dizer que o jogador de futebol cometeu uma falta se não houvesse algum acordo sobre as regras de futebol.

Ora, a lei ou regra sobre o certo e o errado costumava ser chamada de "Lei Natural". Hoje, quando falamos da "Lei Natural", normalmente estamos falando de coisas como a gravidade, a hereditariedade ou as leis da química. Todavia, quando os pensadores antigos chamaram a Lei do Certo e do Errado de "Lei Natural", na verdade estavam se referindo à Lei da Natureza Humana. A ideia era que, da mesma forma que todos os corpos são governados pela lei da gravidade e os organismos, por leis biológicas, a criatura chamada ser humano também tem a sua lei — com uma grande diferença: um corpo não pode escolher obedecer ou não à lei da gravidade, ao passo que uma pessoa pode escolher se obedece ou não à Lei da Natureza Humana.

Essa questão pode ser analisada por outro prisma. Qualquer indivíduo está sujeito a diferentes conjuntos de leis, mas há apenas uma lei à qual ele tem a liberdade de desobedecer. Como corpo, ele está sujeito à gravidade e não pode desobedecer a ela; uma vez suspenso no ar, ele não tem outra opção a não ser cair feito uma pedra. Como organismo, ele está sujeito a várias leis biológicas a que, como os animais, ele não pode desobedecer. Isto é, ele não pode desobedecer àquelas leis que compartilha com outras coisas, mas a lei que é peculiar à sua natureza humana, a lei que ele não compartilha com animais, vegetais ou coisas inorgânicas, é a que ele pode desobedecer, se assim desejar.

Essa lei foi chamada de Lei Natural porque as pessoas acreditavam que todos a conhecessem por natureza e não precisavam ser ensinados por outros. É claro que não estavam dizendo que não seria possível encontrar um indivíduo estranho por aí que não a conhecesse, da mesma forma que você é capaz de encontrar pessoas que sejam daltônicas ou que não levam jeito para a música. Entretanto, tomando a raça como um todo, elas achavam que a ideia humana de comportamento digno fosse óbvia para todo o mundo.

Creio que eles estavam certas. Se não estivessem, então tudo o que dissemos sobre a guerra teria sido absurdo. Que sentido teria dizer que o inimigo está errado se o certo não for algo real que, no fundo, os nazistas conheciam tão bem quanto nós e tinham o dever de pôr em prática?

Se não tivessem tido noção do que queríamos dizer com certo e errado, então, por mais que continuássemos tendo de combatê-los, não poderíamos culpá-los mais por isso do que pela cor do seu cabelo.

Sei que algumas pessoas consideram como sem fundamento a Lei Natural ou lei do comportamento digno, conhecida de todos os homens, sem fundamento, porque as diversas civilizações e os povos das várias épocas erigiram doutrinas morais muito diferentes.

Mas isso não é verdade. Está certo que há diferenças entre as suas moralidades, mas elas nunca chegaram a se configurar como uma diferença total. Se alguém se desse ao trabalho de comparar o ensinamento moral dos antigos egípcios, dos babilônios, dos hindus, dos chineses, dos gregos e dos romanos, ficaria de fato impressionado com a semelhança que têm entre si e também em relação ao nosso ensinamento moral. Algumas das evidências disso estão reunidas em um apêndice de outro livro meu, chamado *A abolição do homem*, mas, para o nosso propósito atual, basta eu pedir ao leitor apenas para imaginar como seria uma moralidade totalmente diferente. Imagine um país em que as pessoas fossem admiradas por fugir da batalha ou em que uma pessoa se orgulhasse de ter enganado todas aquelas que foram legais com ela. Seria o mesmo que tentar imaginar um país em que dois mais dois fosse igual a cinco. Há discordância sobre as pessoas com quem você deve ser altruísta — se é apenas com a sua própria família, ou com os seus conterrâneos, ou com todo mundo. Mas é de comum acordo que você nunca deve se colocar acima dos outros, uma vez que o egoísmo jamais foi algo que causasse admiração. As pessoas divergem quanto a se alguém deve ter uma única esposa ou quatro, mas sempre concordaram que alguém não pode simplesmente ter qualquer mulher que desejasse.

Mas o fato mais impressionante é o seguinte: mesmo que você consiga encontrar uma pessoa que afirme com toda a certeza que não crê que haja realmente o certo e o errado, essa mesma pessoa vai apelar para isso logo em seguida. Ela poderá até quebrar a promessa que fez a você, mas, se você tentar quebrar a sua com ela, num piscar de olhos ela ficará reclamando que "não é justo". Uma nação pode até dizer que não liga para os tratados; mas então, no momento seguinte, ela passa a expor o seu caso, dizendo que aquele tratado particular que os outros querem quebrar era injusto. Entretanto, se os tratados não interessam, se não há tal coisa como o certo e o errado — em outras palavras, se não há Lei Natural —, a lei da natureza humana, qual seria a diferença entre um tratado justo e um injusto? Não foram elas mesmas que se traíram, mostrando que, por mais que falem contra a regra, conhecem a Lei Natural como qualquer outra pessoa?

Parece, então, que seremos forçados a aceitar que existe o certo e o errado. As pessoas podem muitas vezes enganar-se sobre eles, da mesma forma que as pessoas às vezes erram os cálculos; mas isso não é uma mera questão de gosto ou opinião, mas de tabuada. Agora, se estamos de acordo com relação a isso, vou passar para meu próximo ponto, que é o seguinte: nenhum de nós observa a Lei

Natural de fato. Se houver qualquer exceção entre vocês, peço desculpas. Melhor seria ler outro livro, pois nada do que vou falar diz respeito a vocês. E agora, voltemos aos seres humanos comuns.

Espero que não entendam mal o que vou dizer, pois não quero dar nenhum sermão, e Deus sabe que não pretendo ser melhor do que ninguém. Estou tentando apenas chamar a atenção para o fato de que este ano, ou este mês, ou mais provavelmente hoje mesmo, falhamos em adotar o tipo de comportamento que esperamos dos outros. Podemos usar qualquer desculpa. Aquela vez em que você foi injusto com seus filhos foi quando você estava muito cansado. Aquele negócio meio obscuro — aquele de que você quase se esqueceu — surgiu quando você estava muito apertado financeiramente. E o que você prometeu fazer para o bom e velho fulano e nunca fez — bem, você jamais teria prometido fazê-lo se soubesse como estaria ocupado daquele dia em diante. E quanto ao seu comportamento com relação à sua esposa (ou marido) ou irmã (ou irmão), se eu soubesse o quão irritantes poderiam ser, não me admiraria — e, afinal, quem eu penso que sou? Eu não sou diferente em nada, isto é, não tenho muito sucesso em observar a Lei Natural e, quando alguém me diz que eu não a estou observando, logo me vem à mente uma lista interminável de boas desculpas. A questão neste momento não é se essas desculpas são boas. O fato é que elas são mais uma prova da profundidade da nossa crença na Lei Natural, quer ela nos agrade, quer não. Se não acreditássemos no comportamento digno, por que ficaríamos tão preocupados em dar desculpas por não termos nos comportado de maneira digna? A verdade é que acreditamos tanto — sentimos a Regra da Lei nos pressionando de tal forma —, que não conseguimos encarar o fato de que estamos quebrando-a e, consequentemente, tentando fugir da responsabilidade. Você acaba percebendo que é somente para o nosso mau comportamento que damos todas essas explicações e é só o nosso mau humor que procuramos justificar pelo cansaço, pela ansiedade ou pela fome; já o nosso bom humor atribuímos a nós mesmos.

Estes são, então, os dois pontos que eu gostaria de destacar: primeiro, que os seres humanos, de todos os cantos do mundo, têm essa ideia curiosa de que devem se comportar de determinada forma e não conseguem realmente não fazê-lo; em segundo lugar, os indivíduos, na verdade, não se comportam dessa forma. Eles conhecem a Lei Moral, mas a transgridem. Esses dois fatos são a base de todo o pensamento claro sobre nós e o universo onde vivemos.

CAPÍTULO 2

Algumas objeções

Se os dois pontos apresentados são o nosso fundamento, é melhor, antes de prosseguirmos, parar um pouco e deixar esses fundamentos bem sólidos. Algumas cartas que recebi mostram que inúmeras pessoas consideram esse conceito de Lei da Natureza Humana — ou Lei Moral, ou, ainda, Regra de Comportamento Digno — difícil de entender.

Algumas pessoas me escreveram dizendo, por exemplo: "Será que o que você chama de Lei Moral não seria simplesmente o instinto gregário e será que ele não foi desenvolvido, da mesma forma que todos os nossos outros instintos?" Neste momento, não nego que possamos ter um instinto gregário, mas não é a isso que estou me referindo quando falo em Lei Moral. Todos nós sabemos como é ter o instinto despertado — pelo amor materno, instinto sexual, ou o instinto por comida. Significa possuir um forte anseio ou desejo de agir de determinada maneira. É claro que às vezes sentimos precisamente esse tipo de desejo de ajudar outra pessoa, e, sem dúvida, esse desejo é decorrente do instinto gregário, mas sentir o desejo de ajudar alguém é bem diferente de sentir que você tem a obrigação de ajudar independentemente de sua vontade. Suponha que você ouça um grito por socorro de uma pessoa que esteja em perigo. Provavelmente você terá dois desejos — o de prestar ajuda (por causa de seu instinto gregário) e outro de manter-se fora de perigo (por conta do instinto de autopreservação), mas encontrará dentro de si, além desses dois impulsos, uma terceira coisa que lhe diz que você deve seguir o impulso de ajudar e suprimir o impulso de fugir. Agora, essa coisa que faz você julgar entre dois instintos e que decide qual dos dois deve ser encorajado não pode ser nenhum deles propriamente dito. Da mesma forma, você poderia dizer que a partitura musical que lhe diz que, em dado momento, deve tocar uma nota no piano, e não outra, equivale a uma das notas do teclado. A Lei Moral nos diz qual é o tom que devemos tocar, ao passo que nossos instintos não passam de teclas.

Outra forma de se reconhecer que Lei Moral não se reduz a um dos nossos instintos é a seguinte: sempre que dois instintos estão em conflito e não há nada na mente de uma criatura além disso, obviamente o mais forte dos dois prevalecerá. Todavia, nos momentos em que estamos mais conscientes da Lei Moral, normalmente parece que ela recomenda que optemos pelo lado mais fraco dos dois impulsos. Você provavelmente *deseja* ficar em segurança mais do que deseja ajudar uma pessoa que esteja se afogando, mas a Lei Moral lhe diz para ajudá-la assim mesmo, e certamente muitas vezes nos diz para tentar tornar o impulso certo mais forte do que era naturalmente, não é mesmo? Ou seja, muitas vezes sentimos que é nosso dever estimular o instinto gregário, despertando nossa imaginação e provocando nossa comiseração e assim por diante, a fim de termos força para fazer a coisa certa. Mas é claro que não estaremos agindo *por* instinto quando começamos a tornar um instinto mais forte do que era. Aquilo que lhe diz: "Seu instinto gregário está adormecido. Desperte-o!", isso não pode *ser* o próprio instinto gregário. O que lhe diz qual nota do piano você deve tocar mais alto não pode ser essa própria nota.

Aqui vai a terceira forma de reconhecê-la: se a Lei Moral fosse um dos nossos instintos, teríamos de estar em condições de apontar algum dos impulsos dentro de nós que sempre pudéssemos chamar de "bom", que sempre estivesse de acordo com a regra de comportamento correto. Mas não estamos, pois não há entre os nossos impulsos nem um que a Lei Moral já não tenha mandado suprimir, nem um que ela já não tenha nos dito para encorajar. É um erro achar que alguns de nossos impulsos — por exemplo, o amor materno ou o patriotismo — sejam bons e outros, como o sexo ou o instinto de luta, sejam ruins. Tudo o que estamos dizendo é que as ocasiões em que o instinto de luta ou o desejo sexual precisam ser reprimidos são mais frequentes do que aquelas de restrição do amor materno ou do patriotismo. Contudo, há situações em que é dever da pessoa casada encorajar seu impulso sexual, e de um soldado estimular seu instinto de luta, e há também ocasiões em que o amor de uma mãe por seus filhos ou o amor de um indivíduo por seu próprio país tem de ser suprimido, pois, do contrário, isso poderá levá-los a cometer injustiça com os filhos de outras pessoas e com outros povos. Estritamente falando, não existe essa coisa de impulsos bons e maus. Voltemos ao piano. Ele não tem dois tipos de tecla, as "certas" e as "erradas", ou seja, toda e qualquer tecla é correta em determinado momento, e errada em outro. Nesse sentido, a Lei Moral não é um único instinto ou conjunto de instintos, mas sim algo que produz um tipo de tom (o tom que denominamos bondade ou conduta correta) que direciona os instintos.

Aliás, esse assunto tem enormes consequências práticas. A coisa mais perigosa que você pode fazer é pegar um impulso de nossa própria natureza e determiná-lo como regra a ser seguida a todo o custo, pois todos eles, sem exceção, têm o poder de nos transformar em demônios se os estabelecermos como guias absolutos. Você pode até achar que o amor pela humanidade em geral seja livre desse perigo, mas não é. Se você deixar de lado o senso de justiça, logo estará quebrando acordos e forjando evidências "pelo bem da humanidade" e se tornando, no final das contas, uma pessoa cruel e traiçoeira.

Outros me escreveram dizendo: "Será que o que você chama de Lei Moral não é apenas uma convenção social, algo que nos foi incutido pela educação?" Penso que haja um mal-entendido aqui. As pessoas que fazem esse tipo de pergunta normalmente estão partindo do pressuposto de que, se aprendemos algo com nossos pais e professores, então isso tem de ser uma mera invenção humana. Mas é claro que as coisas não são assim. Todos nós aprendemos a tabuada na escola; já uma criança que tivesse se criado numa ilha deserta não a conheceria. Mas certamente não se pode inferir disso que a tabuada seja uma simples convenção humana, algo que os seres humanos tenham inventado para si e poderiam ter feito diferente se o desejassem. Concordo inteiramente que aprendemos a Regra de Comportamento Digno de pais e professores, e de amigos e livros, da mesma forma que aprendemos todas as outras coisas. Mas algumas coisas que aprendemos são meras convenções que poderiam ter sido diferentes — aprendemos a nos manter do lado esquerdo da rua, mas a regra também poderia ter sido de nos mantermos à direita — e outras, como a matemática, são verdades reais. A questão é a qual dessas classes pertence a Lei da Natureza Humana.

Há dois motivos para se afirmar que ela pertence à mesma classe que a matemática. A primeira é que, como eu disse no primeiro capítulo, embora haja diferenças entre as ideias morais de uma época ou de país e as de outro, as diferenças não são realmente muito grandes — nem de perto tão grandes quanto a maioria das pessoas imagina — e você pode reconhecer a mesma lei agindo em todos; já meras convenções, como as convenções sobre trânsito ou os tipos de roupas que as pessoas usam, podem diferir profundamente. A outra razão é a seguinte: se você considera as diferenças entre a moralidade de um povo e a de outro, não tende a pensar que a moralidade de um deles seja sempre melhor ou pior do que a do outro? Será que algumas das mudanças não foram para melhor? Se não, então certamente não poderia haver nenhum progresso moral. O progresso não quer dizer apenas mudança pura e simples, mas mudança para melhor, então, se nenhum conjunto de ideias morais fosse mais verdadeiro ou melhor do que outro, não haveria sentido em preferir a moralidade civilizada à moralidade selvagem, ou a moralidade cristã à moralidade nazista. Na verdade, é claro que todos nós acreditamos que algumas moralidades sejam melhores que outras. Acreditamos que algumas pessoas que tentaram mudar as ideias morais de sua própria época foram o que chamamos de reformadores ou pioneiros — pessoas que entendiam melhor a moralidade do que seus contemporâneos. Muito bem, então. No exato momento em que você diz que um conjunto de ideias morais pode ser melhor que outro, estará, na verdade, medindo ambos de acordo com um padrão, dizendo que um deles está mais em conformidade com aquele padrão do que o outro. Entretanto, o padrão que mede duas coisas é diferente da própria moralidade. Você está, na verdade, comparando ambos com alguma Moralidade Real, admitindo que algo é uma verdade Real independentemente do que as pessoas pensam e que as ideias de algumas pessoas se aproximam mais do que é o realmente Certo do que outras. Ou vamos colocá-lo nos seguintes termos: se suas ideias morais podem ser mais verdadeiras e aquelas dos nazistas, menos, deve haver algo — alguma Moralidade Real — de acordo com a qual sejam verdadeiras. A razão por que sua ideia de Nova York pode ser mais ou menos verdadeira do que a minha é que Nova York é um lugar real, que existe independentemente do que qualquer um de nós pense. Se ao pronunciar "Nova York" cada um de nós quisesse dizer meramente "a cidade que estou imaginando na minha mente", como é que se poderia supor que algum de nós tivesse ideias mais verdadeiras do que o outro? No fim das contas, não seria questão de verdadeiro ou falso. Da mesma forma, se a Regra de Comportamento Digno significasse simplesmente "o que cada nação decidisse aprovar", não faria sentido dizer que qualquer nação já tenha sido mais correta do que qualquer outra em seu julgamento, assim como também não faria sentido dizer que o mundo pode se aperfeiçoar ou degenerar moralmente.

Concluo, então, que, embora a diferença entre as ideias das pessoas sobre o Comportamento Digno muitas vezes as façam suspeitar de que não há nenhuma Lei de Comportamento Real Natural, as questões relacionadas a esse assunto sobre as quais somos obrigados a pensar provam exatamente o contrário. Contudo, deixe-me dizer mais uma coisa antes de encerrar: já encontrei pessoas que exageram nas diferenças porque não fazem distinção entre diferenças de moralidade e diferenças de crença sobre fatos. Por exemplo, uma pessoa me disse: "Há trezentos anos, as bruxas estavam sendo queimadas na Inglaterra. Será que isso foi obra do que você chama de Regra da Natureza Humana ou Conduta Correta?" Certamente a razão pela qual não executamos bruxas hoje é que não acreditamos nessas coisas, porque, se acreditássemos — se pensássemos de verdade que há pessoas por aí que tenham vendido a alma para o diabo e que, em troca, tenham recebido dele poderes sobrenaturais e estivessem usando esses poderes para matar os seus vizinhos, ou levá-los à loucura, ou ainda trazer tempestades —, certamente todos nós concordaríamos que, se há alguém que merece a pena de morte, seriam essas sórdidas traiçoeiras. Não há diferença de princípio moral aqui: a diferença é simplesmente de como se encaram os fatos. Não acreditar em bruxas pode representar um grande avanço da humanidade em termos de conhecimento: quando pensamos que elas existem, não há avanço moral em não executá-las. Você não consideraria uma pessoa mais humana por parar de colocar ratoeiras se isso se devesse ao fato de ela ter deixado de crer que havia ratos na casa.

CAPÍTULO 3

A realidade da Lei

Volto agora ao que disse no final do primeiro capítulo, isto é, que há duas coisas estranhas sobre a humanidade. Primeiro, que eles são perseguidos pela ideia de que há um tipo de comportamento que devem adotar que poderíamos chamar de justiça, ou decência, ou moralidade, ou Lei Natural. Segundo, que, na verdade, eles não agem de acordo com ela. Agora, pode ser que você esteja se perguntando por que eu acho isso estranho, uma vez que, para você, talvez seja a coisa mais natural do mundo. Você pode achar que fui particularmente duro com a humanidade. Afinal de contas, você pode dizer, o que eu chamo de quebrar a Lei do Certo e do Errado ou da Natureza significa apenas isto: que as pessoas não são perfeitas. E por que eu deveria esperar algo diferente? Essa seria uma boa resposta se o que eu estivesse tentando fazer fosse determinar a quantidade exata de culpa que nos cabe por não nos comportarmos como esperamos que os outros se comportem. Mas esse não é absolutamente o meu intuito. Neste momento, não estou preocupado com a culpa; estou apenas tentando descobrir a verdade. E, desse ponto de vista, a própria ideia de algo ser imperfeito, de não ser o que deveria ser, tem certas consequências.

Se considerarmos um objeto como uma pedra ou uma árvore, ele é o que é, e parece não haver sentido em dizer que deveria ser outra coisa. É claro que você pode dizer que uma pedra não tem o "formato certo", se você quiser usá-la para adornar um jardim, ou que uma árvore não é boa porque não lhe oferece a sombra que você esperava. Mas tudo o que você estará dizendo é que a pedra ou a árvore não está sendo adequada para algum propósito particular. Você não culpará tais objetos por isso, a menos que o faça em tom de deboche. Você terá consciência de que, consideradas as condições do tempo e do solo, a árvore não poderia ter ficado diferente. O que nós chamamos árvore "má", do nosso ponto de vista, obedece a leis de sua natureza da mesma forma que uma árvore "boa".

Está vendo aonde quero chegar? O que estou querendo dizer é que aquilo que costumamos chamar de leis naturais — por exemplo, o modo como as condições climáticas trabalharam sobre a árvore — pode não ser *leis* no sentido estrito da palavra, mas apenas uma maneira de falar. Se você diz que as pedras, ao caírem, sempre obedecem à lei da gravidade, isso não é o mesmo que dizer que a lei não significa mais do que "o que as pedras fazem sempre"? Você não acha mesmo que, se deixar a pedra cair, ela vá se lembrar, de repente, de que tem ordens de cair ao chão, não é? Você quer dizer apenas que ela simplesmente cai. Em outras palavras, você não pode ter certeza de que existe algo além dos próprios fatos — alguma lei que determine o que deve acontecer — muito diferente do que de fato acontece. As leis da natureza, ao serem aplicadas a pedras ou a árvores, podem não significar nada além do que "a Natureza de fato faz". Mas, se tomarmos a Lei da Natureza Humana, a Lei do Comportamento Digno, aí as coisas mudam. Essa lei certamente não quer dizer "o que os seres humanos de fato fazem", pois, como eu disse anteriormente, muitos deles não obedecem a essa lei em absoluto, aliás, nenhum deles lhe obedece completamente. A lei da gravidade lhe diz o que as pedras fazem se você as deixar cair; mas a Lei da Natureza Humana lhe diz o que os seres humanos devem fazer e não fazem. Em outras palavras, ao lidarmos com seres humanos, entram em cena algumas outras questões que vão muito além dos fatos. Temos, por um lado, os fatos (como as pessoas se comportam), mas temos também algo mais (como elas devem se comportar). Não há necessidade de haver nada além de fatos em todo o universo. Os elétrons e as moléculas se comportam de determinada forma, o que leva a determinados resultados, e a história poderia terminar aí.[1] Mas os seres humanos se comportam de determinada forma, e a história não para por aí, pois você tem consciência o tempo todo de que eles deveriam se comportar de outro modo.

---

[1] Mas não creio que essa seja realmente a história toda, como você verá mais adiante. Quero dizer que, a julgar pelos argumentos dados até aqui, existe essa possibilidade.

Agora, isto é de fato tão típico, que somos tentados a dar desculpas esfarrapadas. Por exemplo, podemos tentar fazer de conta que, quando dizemos que uma pessoa não deveria fazer o que está fazendo, é o mesmo que dizer que o formato da pedra é inadequado; isto é, o que essa pessoa está fazendo é inconveniente para você. Mas isso simplesmente não é verdade. Uma pessoa que esteja sentada no melhor lugar no trem porque chegou lá primeiro e outra que tenha se aproveitado da minha distração para tirar minha bagagem e se sentar são ambas igualmente inconvenientes. Mas eu só vou reclamar do segundo caso, e não do primeiro. Não ficarei com raiva da pessoa que me fez tropeçar por acidente — exceto, quem sabe, por um instante antes de recuperar o controle —; mas ficarei bravo com quem tentar me fazer tropeçar, mesmo que não consiga — ainda que o primeiro tenha me machucado e o segundo, não. Algumas vezes o comportamento que eu chamo de mau não é absolutamente inconveniente para mim — na verdade, é bem o contrário. Em uma guerra, ambos os lados poderão achar muito útil um traidor do lado oposto, mas, por mais que eles possam usá-lo e pagá-lo, vão se referir a ele como um verme humano. Portanto, você não pode dizer que o que chamamos de comportamento digno nos outros seja simplesmente o comportamento que pareça ser útil para nós, e, no que diz respeito à nossa própria boa conduta, parece-me óbvio que não se trata simplesmente daquela que nos traga vantagens. Trata-se, isto sim, de ficar contente com 30 xelins quando poderíamos ter ganhado três libras; de fazer a lição de casa de forma honesta, quando seria mais fácil copiar; de deixar a garota em paz quando na verdade estávamos com vontade de ir para a cama com ela; de frequentar lugares perigosos quando se poderia ir para lugares bem mais seguros; de cumprir as promessas que preferiria não ter feito; e de dizer a verdade mesmo que isso nos faça parecer bobos.

Certas pessoas dizem que, embora a conduta digna não traga vantagem para o indivíduo em determinado momento, ainda assim traz vantagem para a humanidade como um todo; e que, consequentemente, não há mistério em torno disso. Afinal de contas, os seres humanos têm algum bom senso e reconhecem que só é possível ter segurança ou felicidade real em uma sociedade em que todos joguem limpo, e que isso se dá porque reconhecem que tentam se comportar de maneira digna. Agora, é claro que é perfeitamente verdade que a segurança e a felicidade só podem vir de indivíduos, classes e nações que são honestos, jogam limpo e são gentis uns com os outros. Essa é uma das verdades mais importantes do mundo, mas seria um equívoco tomá-la como explicação para como nos sentimos com relação ao certo e ao errado. Se alguém fizesse a seguinte pergunta: "Por que eu deveria ser altruísta?", e você respondesse: "Porque isso é bom para a sociedade", poderíamos perguntar em seguida: "Por que eu deveria me importar com o que é bom para a sociedade se isso não *me* trouxer nenhuma vantagem pessoal?"; então, você precisaria dizer: "Porque você deve ser altruísta" — o que simplesmente nos traz de volta ao ponto de onde partimos. Você está dizendo a verdade, mas não está chegando a lugar nenhum. Se alguém perguntasse qual é o propósito de jogar bola, não seria uma boa resposta dizer que é "para marcar gols", pois tentar marcar gols representa o jogo em si, e não o motivo do jogo, e você estaria dizendo apenas que o futebol é futebol — o que é verdade, mas que não precisa ser dito. Da mesma forma, se alguém pergunta qual é a graça de se comportar com decência, não será uma boa resposta dizer que é "para fazer bem à sociedade", pois tentar beneficiar a sociedade, ou, em outras palavras, ser altruísta (pois "sociedade" não quer dizer nada mais do que as "outras pessoas"), é uma das coisas em que o comportamento digno consiste; tudo o que você está dizendo realmente é que o comportamento digno é o comportamento digno. Você teria dito a mesma coisa se falasse que "o ser humano deve ser altruísta" e tivesse parado por aí.

E é neste ponto que eu paro. As pessoas devem ser altruístas, devem jogar limpo. Não que elas sejam ou gostem de ser altruístas, mas é o que elas deveriam ser. A Lei Moral, ou Lei da Natureza Humana, não é simplesmente um fato sobre o comportamento humano, assim como a Lei da Gravidade é ou poderia ser simplesmente um fato sobre como os objetos pesados se comportam. Por outro lado, não se trata de mera fantasia, pois não podemos nos livrar da ideia, e a maioria das coisas que dizemos e pensamos sobre os seres humanos se reduziria a bobagens se o fizéssemos. E não se trata simplesmente de uma afirmação sobre como gostaríamos que a humanidade se comportasse para a nossa própria conveniência; pois o comportamento que chamamos de mau ou injusto não é exatamente o mesmo que o comportamento que achamos conveniente, aliás, pode ser até o oposto. Consequentemente, essa Regra do Certo e do Errado, ou Lei da Natureza Humana, ou como quer que você queira chamá-la, deve ser, de uma forma ou de outra, real — algo que existe de verdade, que não seja inventado por nós. E, ainda assim, não se trata de um fato no sentido comum, da mesma forma que o nosso comportamento real é um fato. Parece que teremos de começar a admitir que existe mais de um tipo de realidade; que, nesse caso particular, há algo muito além dos fatos comuns do comportamento humano, e, ainda assim, definitivamente bem real — uma lei real que nenhum de nós construiu, mas que exerce uma pressão sobre nós.

CAPÍTULO 4

O que está por trás da Lei

Vamos resumir o que vimos até aqui. No caso de pedras e árvores e coisas desse tipo, o que chamamos de Leis da Natureza pode não passar de um modo de falar. Quando você diz que a natureza é governada por certas leis, isso significa apenas que ela de fato se comporta de determinada forma. Tais leis podem não ser algo real — ou seja, podem não ser nada além de fatos que observamos —, mas, no caso dos seres humanos, vimos que as coisas não funcionam assim. As assim chamadas Leis da Natureza Humana, ou do Certo e Errado, têm que ser algo que vá além dos fatos concretos do comportamento humano. Nesse caso, além dos fatos reais, você terá algo mais —, uma lei real que não foi inventada por nós e à qual sabemos que temos de obedecer.

Neste momento, gostaria de levar em consideração o que isso nos diz sobre o universo em que vivemos. Desde que as pessoas começaram a pensar, elas se perguntam o que é realmente esse universo e como ele veio a existir. E, de forma muito básica, duas visões passaram a ser sustentadas. Primeiro, há o que chamamos de visão materialista. As pessoas que assumem essa visão pensam que a matéria e o espaço simplesmente existem e sempre existiram, ninguém sabe o porquê; e que a matéria, ao comportar-se de certas maneiras fixas, simplesmente passou a produzir criaturas como nós, as quais, com muita sorte, foram capazes de pensar. Por uma chance em mil, algo colidiu com o nosso sol e fez com que produzisse os planetas; e por outra chance em mil, todos os produtos químicos necessários à vida e a temperatura certa surgiram em um desses planetas, e, assim, uma porção da matéria dessa terra ganhou vida; e, então, por uma série muito longa de acasos, as criaturas vivas se desenvolveram até se tornarem coisas muito parecidas conosco. A outra visão é a religiosa.[1] De acordo com ela, o que está por trás do universo é mais parecido com uma mente do que qualquer outra coisa que conhecemos — isto é, trata-se de algo consciente, que tem propósitos e preferências. De acordo com esta visão, esse ser criou o universo, parcialmente com propósitos que desconhecemos, mas, em parte, em todo caso, para produzir criaturas semelhantes a ele — ou seja, semelhantes a ele no sentido de possuir mentes. Por favor, não pense que alguma dessas visões tenha sido sustentada há muito tempo, e que a outra tenha tomado o seu lugar gradativamente. Ambas as visões aparecem por onde quer que tenha havido homens pensantes. E mais: não é possível descobrir qual dessas visões, no seu sentido comum,

---

[1] Veja nota no final deste capítulo.

é a correta do ponto de vista científico. A ciência funciona com base em experimentos e observa o comportamento das coisas. Toda afirmação científica, no longo prazo, por mais complicada que pareça, na verdade significa algo como: "Eu apontei o telescópio para esta ou aquela parte do universo às 2h20 do dia 15 de janeiro e vi isto ou aquilo", ou "Coloquei tal material em um béquer e o aqueci a determinada temperatura e aconteceu isto ou aquilo". Não pense que estou contrariando a ciência: apenas estou dizendo qual é a tarefa dela. E quanto mais científica for uma pessoa, mais (creio eu) ela concordaria comigo que esse é o seu papel — e trata-se inclusive de uma tarefa bastante útil e necessária. Mas a razão pela qual as coisas acontecem, e se há alguma coisa por trás do que a ciência observa — algo de natureza diferente —, essa não é uma questão científica. Se há "algo por trás", então, ou isso terá de permanecer totalmente desconhecido ao ser humano, ou, então, terá de tornar-se conhecido de maneira diferente. A ciência não pode afirmar se uma coisa existe ou não, e os verdadeiros cientistas normalmente não fazem esse tipo de pergunta. Em geral são os jornalistas e escritores de romances populares que entram nesses méritos a partir de informações coletadas em manuais de ciência populares e superficiais. Afinal de contas, trata-se na verdade de uma questão de senso comum. Supõe-se que a ciência jamais se torne completa a ponto de saber todas as coisas de todo o universo. Não está claro que questões como: "por que existe o universo?", "por que ele funciona como funciona?", "será que ele tem algum sentido?" permaneceriam da mesma maneira?

Agora, nossa posição seria bem desesperadora se não fosse por um detalhe. Há uma coisa, e somente uma, em todo o universo, sobre a qual sabemos mais do que poderíamos extrair por observação externa. Essa coisa é o ser humano. Não nos limitamos a observar as pessoas meramente de fora, nós *somos* humanos. Neste caso temos, por assim dizer, informações internas; nós o conhecemos "por dentro". Por esse motivo, sabemos que as pessoas estão debaixo de uma lei moral que não foi criada por elas e que não conseguem esquecer, mesmo que tentem, e à qual sabem que devem obedecer. Note o seguinte: qualquer um que estude o ser humano de fora, da mesma forma que estudamos a eletricidade ou repolhos, sem conhecer nossa linguagem e, consequentemente, sem estar em condições de obter qualquer conhecimento "de dentro" sobre nós mas apenas observando o que fazemos, nunca desconfiaria de que possuímos essa lei moral. Como poderia? Pois só o que a sua observação mostraria é o que ele faz, e a lei moral é sobre o que ele deve fazer. Do mesmo modo, se houvesse além dos fatos observados no caso de pedras ou das condições climáticas, nós, ao estudá-las de fora, nunca poderíamos esperar fazer tal descoberta.

A questão toda, então, é a seguinte: queremos saber se o universo simplesmente é o que é, sem nenhum motivo especial, ou se há um poder por trás dele que faz com que seja o que é, uma vez que esse poder, se é que existe, não seria o dos fatos observados, mas uma realidade que os cria, pois nenhuma mera observação dos fatos pode identificá-lo. Só há um caso que nos permite saber se há algo mais: o nosso próprio caso. E nesse único caso constatamos que há. Ou o viramos do avesso. Se houvesse um poder controlador fora do universo, ele não poderia se mostrar para nós como um dos fatos que se dão do lado de dentro do universo — não mais do que um arquiteto de uma casa poderia realmente ser uma de suas paredes, uma escada ou uma lareira dentro da casa. A única forma pela qual poderíamos esperar que isso se revelasse em nós seria por meio de uma influência ou um mandamento que nos induzisse a nos comportarmos de determinada maneira. E isso é precisamente o que encontramos dentro de nós. E isso não deveria fazer com que levantássemos suspeitas? No único caso em que você pode esperar obter uma resposta, esta seria com certeza "sim"; e, nos outros casos, em que você não consegue obter uma resposta, pode reconhecer por que não obtém. Suponha que alguém me perguntasse, ao ver um homem de uniforme azul descendo a rua e deixando pequenos pacotes de papelão nas casas, por que eu suponho que eles contêm cartas? Minha resposta seria: "Porque sempre que ele deixa um pacote assim para mim eu constato que ele contém uma carta". E, se ele, então, contestasse — "Mas você nunca viu todas essas cartas que pensa que as outras pessoas estejam recebendo", eu responderia: "É claro que não, e nem esperaria ver, pois elas nem estão endereçadas a mim. Estou explicando os pacotes que não estou autorizado a abrir por aqueles que posso abrir". O mesmo vale para essa questão. O único pacote que estou autorizado a abrir é o da humanidade. Quando faço isso, especialmente quando abro esse ser humano particular chamado Eu, descubro que não existo por mim mesmo, que estou debaixo da lei, que alguém ou alguma coisa deseja que eu me comporte de certa maneira. É claro que não penso que, se eu conseguisse entrar em uma pedra ou em uma árvore, eu fosse encontrar exatamente a mesma coisa, da mesma forma que não acredito que todas as outras pessoas da rua recebam as mesmas cartas que eu. Devo ter a expectativa, por exemplo, de que a pedra seja obrigada a obedecer à lei da gravidade — de que, enquanto o remetente das cartas simplesmente me manda obedecer à lei da minha natureza humana, ele compele a pedra a obedecer às leis da sua natureza pétrea. Mas devo ter a expectativa de supor que haja um remetente em ambos os casos, um Poder por trás dos fatos, um Diretor, um Guia.

Não pense que estou indo rápido demais, pois ainda nem cheguei perto do Deus da teologia cristã. Tudo o que obtive até aqui é Algo que está dirigindo o universo e que aparece em mim como uma lei que me impele a fazer a coisa certa e que me faz sentir responsável e desconfortável quando ajo mal. Parece-me que é forçoso presumir que se trata de Algo mais parecido com uma mente do que com qualquer outra coisa conhecida — porque, afinal de contas, a única outra coisa que conhecemos é a matéria, e nunca se viu uma porção de matéria dando instruções. Mas é claro que esse Algo não precisa ser muito parecido com uma mente, muito menos como uma pessoa. No próximo capítulo, veremos se é possível descobrir algo mais sobre isso. Mas aqui vale uma ressalva: houve muita conversa mole sobre Deus nos últimos cem anos. Não é isso que estou oferecendo. Esqueça tudo isso.

Nota: Para manter esta parte suficientemente breve para ir ao ar, mencionei apenas a visão materialista e a visão religiosa; mas, para completar o quadro, devo mencionar a visão intermediária chamada filosofia de Força Vital, ou Evolução Criativa, ou Evolução Emergente, cujas exposições mais astuciosas se encontram nas obras de Bernard Shaw, enquanto as mais profundas estão nas obras de Bergson. As pessoas que defendem essa visão dizem que as pequenas variações pelas quais a vida neste planeta "evoluiu", das formas mais inferiores para o ser humano não foram devidas ao acaso, mas à "aspiração" ou "intencionalidade" da Força Vital. Quando as pessoas dizem isso, temos de pedir que esclareçam se por Força Vital elas entendem algo dotado de intelecto ou não. Se houver intelecto, então "uma mente que traga a vida à existência e que a leve à perfeição" nada mais é do que um Deus, e a sua visão é, assim, idêntica à religiosa. Se não houver intelecto, então, qual é o sentido de dizer que algo desprovido de intelecto "aspira" ou tem uma "intencionalidade"? Isso me parece fatal à sua visão. Uma razão por que muitas pessoas julgam a Evolução Criativa tão atraente é que ela nos dá muito do conforto emocional de crer em Deus sem assumir as consequências menos agradáveis disso. Quando você estiver se sentindo bem-disposto, o sol estiver brilhando e você não quiser acreditar que o universo todo seja uma mera dança mecânica de átomos, é reconfortante pensar nessa grande Força misteriosa agindo ao longo dos séculos e carregando-o em sua crista. Se, por outro lado, você desejar fazer algo um tanto desprezível, a Força Vital, sendo apenas uma força cega, sem moral e desprovida de intelecto, nunca vai interferir na sua vida da mesma forma que aquele Deus inquietante, sobre o qual aprendemos quando éramos crianças. A Força Vital é uma espécie de Deus domesticado. Você pode acioná-la quando bem entender sem que ela o incomode. Você tem todas as emoções da religião e nenhum custo. Será a Força Vital a maior obra do desejo reprimido que o mundo já viu?

CAPÍTULO 5

Temos motivos para nos sentir incomodados

Encerrei o último capítulo com a noção de que na Lei Moral alguém ou algo que esteja além do universo material parece estar realmente nos alcançando, e imagino que, quando cheguei a esse ponto, alguns de vocês ficaram um pouco aborrecidos. Você pode até ter pensado que eu estou lhe vendendo gato por lebre — ou seja, que eu tivesse vendido por filosofia o que se revelou uma "conversa fiada sobre religião". Você pode ter se sentido preparado para me dar ouvidos desde que acreditasse que eu não tinha nada novo a dizer; mas se isso se revelasse como apenas religião, bem, o mundo já tentou isso e você não pode fazer o relógio voltar atrás. Se alguém está se sentindo assim, gostaria de lhe dizer três coisas.

Primeiro, quanto a fazer o relógio voltar atrás. Você pensaria que eu estou brincando se dissesse que você pode atrasar o relógio e que, se ele estiver marcando errado a hora, isso seria uma coisa muito sensata de se fazer? Mas gostaria de deixar de lado toda essa analogia dos relógios. Todos nós desejamos progredir. Mas o progresso significa chegar mais perto de onde você deseja estar; contudo, se você tomou um atalho errado, então seguir em frente não vai levá-lo para mais perto. Se você estiver no caminho errado, o progresso significará dar meia-volta e retornar ao caminho certo; e, nesse caso, a pessoa que voltar atrás mais rápido será também a mais progressista. Todos nós já vimos esse fenômeno acontecer na aritmética. Sempre que começo um cálculo errado, quanto mais cedo eu perceber, voltar atrás e começar de novo, mais rápido poderei continuar. Não há nada de progressista em ser cabeça-dura e se recusar a admitir o erro. E penso que, se você analisar as condições atuais do mundo, fica muito claro que a humanidade tem cometido um grande erro. Estamos no caminho errado, e, se isso for verdade, teremos de voltar atrás, pois esse é o meio mais rápido de progredir.

Em segundo lugar, não se trata aqui exatamente de uma "conversa fiada religiosa". Ainda nem chegamos ao ponto de falar do Deus de qualquer religião verdadeira, muito menos do Deus daquela religião particular chamada cristianismo. Chegamos até agora tão somente a um Alguém ou Alguma Coisa que está por trás da Lei Moral. Não estamos tirando nada da Bíblia ou das igrejas, mas sim tentando ver o que podemos descobrir sobre esse Alguém por conta própria. E gostaria de deixar bem claro que o que descobrimos por conta própria nos deixa chocados. Temos duas pequenas pistas sobre esse Alguém, e uma delas é o universo que ele criou. Se essa fosse nossa única pista, então deveríamos concluir que ele é um grande artista (pois o universo é um lugar muito bonito), mas também bastante impiedoso e pouco amigo do ser humano (pois o universo é um lugar muito perigoso e terrível). A outra pista é a Lei Moral, que ele pôs nas nossas mentes, e esta é uma prova melhor do que a outra, porque se trata de informação interna. Você descobrirá mais sobre Deus a partir da Lei Moral que do universo em geral, da mesma forma que descobrirá mais sobre o ser humano ouvindo sua conversa do que observando uma casa que ele tenha construído. Nesse sentido, podemos concluir, a partir desse segundo indício, que o Ser por trás do universo está intensamente interessado na conduta certa — no jogo limpo, em altruísmo, em coragem, em boa-fé, em honestidade e em veracidade. Nesse sentido, devemos concordar com a afirmação feita pelo cristianismo e por algumas outras religiões: Deus é "bom". Mas não vamos atropelar as coisas. A Lei Moral não nos dá motivo algum para pensar que Deus é "bom", no sentido de ser indulgente, ou afável, ou compassivo. Não há nada de complacente na Lei Moral. Ela é implacável. Ela lhe diz o que deve ser feito, e pronto, sem ligar para o quanto isso poderá ser doloroso, ou perigoso, ou difícil de fazer. Se Deus for como a Lei Moral, então ele não é afável. Não adianta nada, a esta altura, alegar que o que você quer dizer com um Deus "bom" seja um Deus capaz de perdoar. Você estará indo rápido demais. Só uma Pessoa é capaz de perdoar. E ainda não chegamos a um Deus pessoal — apenas a um poder por trás da Lei Moral que é mais parecido com uma mente do que qualquer outra coisa. Mas ele pode ser ainda muito diferente de uma pessoa. Se for uma mente puramente impessoal, pode não haver sentido em pedir que lhe faça concessões ou que lhe faça vista-grossa, da mesma forma que não faz sentido pedir à tabuada que faça vista-grossa quando você tiver errado a conta. De qualquer forma, você poderá chegar a um resultado errado. Tampouco adianta dizer que, se houver um Deus desse tipo — uma bondade impessoal e absoluta —, então, nesse caso, você não gosta dele e não vai se importar com ele, pois o problema é que uma parte de você está do lado dele e realmente concorda com a sua desaprovação com relação à cobiça, trapaça e exploração humana. Você pode querer que ele abra uma exceção em seu caso, para deixar que passe só dessa vez; mas no fundo você sabe que o poder por trás do mundo real inalteravelmente tem de detestar esse tipo de comportamento, pois, do contrário, ele não poderia ser bom. Por outro lado, sabemos que, se existir uma bondade absoluta, ela deve odiar a maior parte das coisas que fazemos. Esse é o dilema a que estamos presos. Se o universo não for governado por uma bondade absoluta, então todos os nossos esforços são vãos no longo prazo. Mas se for, então estamos nos tornando inimigos dessa bondade todos os dias e não temos chance nenhuma de agir melhor amanhã, e, assim, mais uma vez, nosso caso é irremediável — estamos perdidos com ou sem ele. Deus é o nosso único alento, mas é também o terror supremo: a coisa de que mais necessitamos e aquela da qual mais desejamos fugir. Ele é o nosso único aliado possível, e nos tornamos seus inimigos. Para algumas pessoas, a ideia do encontro face a face com o bem absoluto parece divertida. Elas precisam refletir melhor, pois estão só brincando de religião. Ou a bondade é nossa maior segurança, ou nosso maior perigo — dependendo da forma como você vai reagir a ela. E nossa reação tem sido a mais errada possível.

Vamos agora ao meu terceiro ponto. Quando optei por chegar aonde queria dando essas voltas, não estava querendo lhe passar a perna. Eu tinha outra motivação. Minha razão para isso é que o cristianismo simplesmente não faz sentido até você encarar o tipo de fatos que descrevi. O cristianismo diz às pessoas que devem se arrepender e lhes promete perdão, por isso ele não tem nada a dizer (até onde sei) àquelas pessoas que acham que não têm do que se arrepender e que não sentem que precisam de perdão. Somente depois que você percebe que existe uma Lei Moral real e um poder por trás dessa lei, e se dá conta de que violou tal lei e cometeu alguns erros contra esse Poder — é só depois de tudo isso, e nenhum instante antes disso —, que o cristianismo começa a falar a sua língua. Quando você sabe que está doente, dá ouvidos ao médico. Quando tiver se dado conta de que nossa condição é desesperadora, começará a compreender do que os cristãos estão falando. Eles explicam como chegamos ao nosso estado presente tanto de ódio quanto de amor à bondade, além de também explicar como Deus pode ser essa mente impessoal por trás da Lei Moral e, ainda assim, ser ao mesmo tempo uma pessoa. Eles lhe contam como as exigências dessa lei, que nem eu nem você conseguimos cumprir, foram cumpridas no nosso lugar, como o próprio Deus se tornou um ser humano para salvar a humanidade da desaprovação de Deus. Essa é uma velha história, e, se você quiser se debruçar sobre ela, sem dúvida consultará pessoas que têm mais autoridade para falar sobre ela do que eu. Tudo o que estou fazendo é pedir às pessoas que encarem os fatos — de compreender as questões que o cristianismo alega responder —, pois tais fatos são bastante assustadores. Gostaria de poder dizer algo mais agradável, mas devo falar o que penso ser a verdade. É claro que concordo que a religião cristã é, no longo prazo, algo que confere um consolo inexprimível. Mas ela não começa pelo consolo, e sim com a consternação que tenho descrito, e não adianta de nada tentar obter esse consolo sem antes passar por tal desalento e consternação. Na religião, da mesma forma que na guerra e em todo o restante, o consolo é algo que você não consegue alcançar quando está buscando-o diretamente. Se você sair em busca da verdade, poderá encontrar consolo no final: se sair em busca de consolo, não alcançará nem o consolo nem a verdade — apenas conversa mole e ilusões, para começo de conversa, as quais acabarão em desespero. A maioria de nós já superou a euforia anterior à guerra no que diz respeito à política internacional. Está na hora de fazermos o mesmo com a religião.

LIVRO II

No que acreditam os cristãos

CAPÍTULO 1

As concepções concorrentes de Deus

Pediram-me para lhes dizer em que os cristãos acreditam, e vou começar lhes contando uma coisa na qual os cristãos não precisam acreditar. Se você for cristão, não precisa acreditar que todas as outras religiões sejam simplesmente de todo erradas. Se for ateu, terá de acreditar que o ponto central de todas as religiões do mundo é simplesmente um grande erro. Se você for cristão, tem a liberdade de pensar que todas aquelas religiões, mesmo as mais exóticas, contêm pelo menos uma parcela da verdade. Quando eu era ateu, tinha de tentar convencer a mim mesmo de que a maioria das pessoas da humanidade sempre esteve errada sobre a questão que lhe interessava mais; quando me tornei cristão, passei a assumir uma visão mais liberal. Mas, é claro, ser cristão quer dizer pensar que onde o cristianismo difere de outras religiões, aí o cristianismo está certo e elas estão erradas. É como na aritmética — há somente um resultado certo para a conta, e todos os outros estão errados; mas alguns dos resultados errados estão mais perto do acerto que outros.

A primeira grande divisão da humanidade se dá entre a maioria, que acredita em algum tipo de Deus ou deuses, e a minoria, que não acredita. Nesse ponto, o cristianismo alinha-se com a maioria — os gregos e romanos antigos, os selvagens modernos, os estoicos, os platonistas, os hindus, os muçulmanos etc., contra o materialista europeu ocidental moderno.

Passo agora à próxima grande divisão. As pessoas que acreditam em Deus podem ser divididas de acordo com o tipo de Deus em que acreditam. Há duas ideias bem diferentes quanto a esse assunto, e uma delas é que ele está além do bem e do mal. Nós, seres humanos, chamamos uma coisa de bem e outra, de mal; mas, de acordo com certas pessoas, isso não passa de um ponto de vista. Essas pessoas diriam que, quanto mais sábio você vai ficando, menos tem o desejo de chamar alguma coisa de boa ou má e mais claramente você consegue ver que algo é bom em certo sentido e mau em outro; e que nada poderia ter sido diferente.

Consequentemente, essas pessoas acham que, muito antes de você chegar a uma visão que esteja perto do ponto de vista divino, a distinção teria desaparecido completamente. Nós chamamos um câncer de mal, elas diriam, porque ele mata uma pessoa; mas você também poderia chamar um cirurgião bem-sucedido de mau porque ele elimina o câncer. Tudo depende do ponto de vista. A outra ideia oposta é que Deus é definitivamente "bom" e "justo", um Deus que toma partido, que ama o amor e odeia o que é odioso, que deseja que nós nos comportemos de uma forma e não de outra. A primeira dessas visões — aquela que pensa que Deus está além do bem e do mal — é chamada de panteísmo e foi defendida pelo grande filósofo prussiano Hegel, e, até onde eu consigo entender, pelos hindus. A outra visão é sustentada por judeus, muçulmanos e cristãos.

E essa grande diferença entre o panteísmo e a ideia cristã de Deus normalmente vem acompanhada de outra. Os panteístas geralmente acreditam que Deus, por assim dizer, anima o universo da mesma forma que você anima o seu corpo: que o universo quase chega a *ser* Deus, de modo que, se ele não existisse, o universo tampouco existiria e qualquer coisa que você encontre nele faz parte de Deus. A ideia cristã é bem diferente. Eles pensam que Deus inventou e criou o universo — como uma pessoa que tira uma foto ou compõe uma peça musical. Um pintor não é uma pintura, e ele não morre se sua pintura é destruída. Quando você diz: "Ele pôs muito de si nessa obra", só o que estará querendo dizer é que a beleza e o interesse que ela desperta saíram da cabeça dele. Sua habilidade não está na pintura da mesma forma que está na sua cabeça, ou mesmo em suas mãos. Espero que você veja a relação disso como a diferença entre panteístas e cristãos. Se você não levar essa distinção entre o bem e o mal muito a sério, então será fácil dizer que qualquer coisa encontrada neste mundo faça parte de Deus. Mas é claro que, se você considerar algumas coisas realmente más, e Deus realmente bom, então não poderá falar dessa maneira. Você terá de acreditar que Deus esteja separado do mundo e que algumas das coisas que vemos neste planeta sejam contrárias à vontade divina. Ao ser confrontado com um câncer ou com a miséria, o panteísta poderá dizer: "Se pudesse encarar essa situação do ponto de vista divino, você se daria conta de que isso também é Deus". O cristão responderá: "Não diga essas malditas tolices",[1] pois o cristianismo é uma religião combativa. Ele defende que Deus criou o mundo — que o espaço e o tempo, o frio e o calor, e todas as cores e os gostos, e todos os animais e vegetais são coisas que Deus "inventou da sua cabeça", da mesma forma que uma pessoa inventa uma história. Mas ele também pensa que muitas coisas deram errado no mundo que Deus fez e que ele insiste, e de forma contundente, que nós as coloquemos de volta no lugar.

E é claro que isso levanta uma questão controversa. Se o Deus que fez o mundo é bom, por que esse mundo desandou? Por vários anos, eu simplesmente me recusei a dar ouvidos às respostas cristãs a essa questão, porque continuei sentindo que "o que quer que você diga, e por mais inteligentes que sejam os seus argumentos, não seria mais simples e fácil dizer que o mundo não foi feito por nenhum poder inteligente? Será que seus argumentos todos não passam simplesmente de uma tentativa complicada de fugir do óbvio?" Mas então isso acabou me fazendo ter de encarar outra dificuldade.

---

[1] Um ouvinte reclamou da palavra *maldito*, dizendo que era um xingamento leviano. Mas eu quero dizer exatamente o que estou dizendo — tolice que é *maldita* está sob a maldição de Deus e levará aqueles que acreditam nela (exceto pela graça de Deus) à morte eterna.

Meu argumento contra Deus havia sido que o universo parecia muito cruel e injusto. Mas de onde eu havia tirado essa ideia de *justo* e *injusto*? Uma pessoa só chama uma linha de torta se tiver alguma ideia do que é uma linha reta. Com o que eu estava comparando esse universo quando o chamei de injusto? Se o espetáculo todo estava ruim e sem sentido do início ao fim, por assim dizer, por que eu, que supostamente era parte do espetáculo, estaria reagindo de forma tão violenta a ele? Uma pessoa se sente molhada depois de cair na água porque ela não é um animal aquático; já um peixe não se sentiria molhado. É claro que eu poderia desistir da ideia de justiça, dizendo que não passa de uma ideia particular, mas, se fizesse isso, meu argumento contra Deus também teria entrado em colapso — pois seria o mesmo que dizer que o mundo era realmente injusto, e não simplesmente que ele não fora criado para satisfazer meus caprichos pessoais. Assim, no mesmo ato de tentar provar que Deus não existe — em outras palavras, que toda a realidade era sem sentido — descobri que era forçado a admitir que uma parte da realidade — qual seja minha ideia de justiça — era, sim, dotada de sentido. Consequentemente, o ateísmo se revela muito simplista. Se o universo inteiro não tem sentido, não teríamos como descobrir que ele não tem sentido: semelhantemente, se não houvesse luz no universo e, assim, nenhuma criatura dotada de olhos, jamais saberíamos que ele é escuro. A palavra *escuridão* seria desprovida de sentido.

CAPÍTULO 2

A invasão

Pois bem, então o ateísmo é simplista demais. E vou lhes falar de outra visão igualmente simplista, que chamarei de "cristianismo água com açúcar". Essa visão diz simplesmente que existe um Deus bom no Céu e tudo o mais está bem — deixando de fora todas as doutrinas difíceis e terríveis sobre o pecado, o inferno, o diabo e a redenção. Ambas as visões me parecem filosofias infantis.

Não espere de mim uma religião simplista. Afinal de contas, as coisas reais não são simples. Elas até parecem simples, mas não são. A mesa à qual estou sentado parece simples: mas é só perguntar para um cientista e ele lhe dirá do que ela é feita de verdade — tudo sobre os átomos e como os raios luminosos se refletem nela, atingindo o meu olho, e o que eles fazem com o nervo óptico e o que fazem no meu cérebro — e, é claro, você perceberá que o que chamamos de "ver uma mesa" nos conduz a mistérios e complicações infindáveis. Imaginar uma criança fazendo suas orações infantis parece ser algo simples. E, se você se contentar em parar por aí, talvez seja. Mas, se não — e o mundo moderno normalmente não para por aí —, e se quisermos ir em frente e perguntar o que está acontecendo realmente, devemos estar preparados para uma resposta mais complicada. Se pedirmos mais que o simplismo, seria tolice se queixar de que esse algo a mais não é simples.

Não raro, entretanto, esse procedimento tolo é adotado por pessoas que não são nada bobas, mas que, consciente ou inconscientemente, querem destruir o cristianismo. Essas pessoas forjaram uma versão do cristianismo que é mais adequada a uma criança de seis anos e fazem dela um alvo de ataque. Quando você tenta explicar a doutrina cristã como ela realmente é sustentada por um adulto instruído, as pessoas se queixam de que você está dando nó na cabeça delas, que tudo isso é complicado demais e que, se houvesse um Deus de verdade, elas têm certeza de que ele teria feito a "religião" ficar simples, porque a simplicidade é tão bela, e por aí vai. Você precisa estar alerta contra essas pessoas, pois elas vão mudar de ideia toda hora e só vão fazer você perder seu tempo. Note ainda como é absurda a ideia que elas têm de um Deus que "faz a religião ficar simples"; como se a "religião" fosse algo que Deus tivesse inventado, e não a sua afirmação de certos fatos bastante inalteráveis sobre a sua própria natureza.

Pela minha experiência, a realidade, além de ser complicada, normalmente é esquisita. Ela não é pura, nem é óbvia, nem é o que você esperava. Por exemplo, uma vez que você tenha entendido que a Terra e todos os outros planetas giram em torno do Sol, esperaria naturalmente que todos os planetas tivessem sido feitos para combinar — que todos tivessem distâncias iguais entre si, por exemplo, ou distâncias que aumentassem de forma regular; ou tivessem o mesmo tamanho; ou se tornassem maiores ou menores à medida que se distanciassem do Sol. Na verdade, não se pode encontrar combinação ou razão (que seja observável) nem quanto aos tamanhos, nem quanto às distâncias; e alguns deles têm uma lua, um tem quatro, um tem duas, alguns não têm nem uma, e um tem um anel.

A realidade, na verdade, geralmente é algo que você não teria imaginado, e esse é um dos motivos pelos quais eu acredito no cristianismo. Trata-se de uma religião que você jamais teria imaginado. Se ela nos oferecesse apenas o tipo de universo que sempre teríamos esperado, eu teria a impressão de que ela é uma de nossas invenções. Mas, na verdade, a religião cristã não é o tipo de coisa que alguém teria inventado, uma vez que apresenta precisamente o tipo de mudanças que as coisas reais demonstram. Então, vamos deixar para trás todas aquelas filosofias infantilizadas — aquelas respostas simplistas —, porque o problema não é simples e a resposta também não o será.

E qual é o problema? Um universo que contém muito do que é obviamente mau e aparentemente sem sentido, mas que contém criaturas como nós, que temos consciência de que ele é mau e desprovido de sentido. Há apenas duas perspectivas que conseguem dar conta de todos esses fatos. Uma é a visão cristã de que este é um mundo bom que se corrompeu, mas ainda retém na memória o que deveria ter sido, e a outra é aquela conhecida como dualismo. O dualismo significa a crença de que há dois poderes iguais e independentes por trás de tudo, sendo que um é bom e o outro, mau, e que este universo é um campo de batalha onde eles travam uma luta infindável. Pessoalmente, acredito que, ao lado do cristianismo, o dualismo seja o credo mais viril e sensato disponível no mercado. Porém, ele esconde uma pegadinha.

Supõe-se que os dois poderes, ou espíritos, ou deuses — o bom e o mau — sejam bastante independentes. Ambos existiram por toda a eternidade. Nenhum deles gerou o outro, nenhum deles tem mais direito do que o outro de se autodenominar deus. Cada um supõe que é o bom e que o outro é, portanto, o mau. Um deles gosta de ódio e crueldade; o outro, de amor e misericórdia, e cada um apoia a sua própria visão. Agora, o que queremos dizer quando chamamos um deles de poder bondoso e o outro, de poder maligno? De duas uma: ou estamos dizendo simplesmente que preferimos um em detrimento do outro — como preferir cerveja à sidra —, ou, então, estamos dizendo que, independentemente do que os dois poderes pensem sobre isso, e também do que nós, humanos, parecemos gostar no momento, um deles está efetivamente errado, realmente equivocado, mesmo se referindo a si como bom em sua natureza. Agora, se você quer dizer meramente que por acaso preferimos o primeiro, então, temos de abrir mão totalmente de falar sobre o bem e o mal, pois o bem significa o que você deve preferir, independentemente daquilo que você, por acaso, prefira em qualquer dado momento. Se "ser bom" significasse simplesmente aderir à parte que mais lhe agrada, mesmo sem ter um motivo concreto, então o bem não mereceria ser chamado assim. Logo, temos de transmitir a ideia de que um dos dois poderes está realmente errado e o outro está, de fato, certo.

Mas, no momento em que você diz isso, estará inserindo no universo um terceiro elemento em aditamento aos dois poderes: uma lei, um padrão ou uma regra do bem, à qual um dos poderes se conforma e outro deixa de se conformar. Mas já que os dois poderes são julgados por esse padrão, o mesmo tem de estar além de qualquer um deles, e ele será o verdadeiro Deus. Na verdade, o que queremos dizer ao chamá-los de bem e mal acaba sendo que um deles está numa relação harmoniosa com o Deus definitivo e o outro, em uma relação equivocada.

O mesmo pode ser dito de outra forma. Se o dualismo for verdadeiro, o poder do mal precisa necessariamente ser algo que gosta da maldade em si. Mas, na realidade, não temos experiência de ninguém que goste da maldade só porque ela é má. O mais perto que podemos chegar disso é a crueldade, mas, na vida real, as pessoas são cruéis por uma de duas razões — ou porque são sádicas, isto é, porque têm uma perversão sexual que faz da crueldade uma causa de prazer sexual para elas, ou então por causa de alguma vantagem que possam tirar disso — dinheiro, poder ou segurança. Mas prazer, dinheiro, poder e segurança são, em essência, coisas boas. A maldade consiste em persegui-las usando o método errado, ou da forma errada, ou com muita intensidade. Não quero dizer com isso, obviamente, que as pessoas que agem assim não sejam desesperadamente más. O que quero dizer é que a maldade, se você a examinar de perto, acaba se revelando como a busca por algum bem, mas da maneira errada. Você pode ser bom só por amor à bondade, mas não pode ser mau só por amor à maldade. É possível ser bondoso mesmo quando você não está se sentindo bondoso e isso não lhe proporciona prazer algum, simplesmente pelo fato de a bondade ser a atitude correta; mas ninguém jamais cometeu uma crueldade simplesmente porque a crueldade é errada — e sim porque a crueldade é prazerosa ou útil para aquele que faz uso dela. Em outras palavras, a maldade não pode ter sucesso nem mesmo em ser má, da mesma forma que a bondade consegue ser boa. A bondade é o que é, por assim dizer; a maldade não passa de bondade corrompida. Além disso, é necessário existir algo bom antes que se possa corrompê-lo. Chamamos uma perversão sexual de sadismo; mas é preciso ter primeiro a ideia de uma sexualidade normal antes de poder falar dela como perversão; e você pode ver qual é a perversão porque pode explicá-la a partir da normalidade; mas não pode explicar o normal a partir da perversão. Segue-se que esse poder do mal, que muitos supõem possuir o mesmo fundamento que o poder do bem, e "amam" a maldade da mesma forma que o poder do bem ama a bondade, é uma monstruosidade. Para ser mau, é preciso desejar coisas boas e, depois, persegui-las da forma errada: haver a ocorrência de impulsos que foram originalmente bons para estar em condições de pervertê-los. Mas, se ele for mau, não pode desejar coisas boas ou alimentar-se de bons impulsos para depois os perverter. Ele precisa receber ambas as coisas do poder do bem. E, se isso é assim, então ele não é independente. Ele faz parte do mundo do poder do bem: ou ele foi feito pelo poder do bem, ou por algum poder que está acima de ambos.

Vamos clarificar ainda mais este assunto. Para ser maldoso, o mal tem de existir e ter inteligência e vontade própria. Mas existência, inteligência e vontade são, em si, boas, portanto, ele tem de recebê-las do poder do bem: até mesmo para ser mau, ele tem de tomar emprestado ou roubar do seu oponente. E será que agora você está entendendo por que o cristianismo sempre disse que o diabo é um anjo caído? Essa não é apenas uma historinha para boi dormir. Trata-se do reconhecimento real do fato de que o mal é um parasita nada original, e os poderes que permitem que ele subsista lhe foram dados pela bondade. Todas as coisas que fazem uma pessoa maldosa ser efetivamente má são, em essência, boas — determinação, inteligência, boa aparência e a própria existência. Eis por que o dualismo, no fundo, não funciona.

Contudo, devo admitir que o cristianismo real (que é diferente daquele que chamamos "água com açúcar") se aproxima muito mais do dualismo do que as pessoas pensam. Uma das coisas que me surpreenderam, quando li o Novo Testamento pela primeira vez de forma séria, foi o fato de ele falar tanto sobre o Poder das Trevas no universo — um espírito mau poderoso, que se supunha ser o poder que estava por trás da morte, da doença e do pecado. A diferença é que o cristianismo acredita que esse Poder das

Trevas foi criado por Deus e que era bom por ocasião de sua criação, mas se corrompeu. O cristianismo concorda com o dualismo na acepção de que este universo está em guerra, mas discorda que essa seja uma guerra entre poderes independentes. Ele a considera, antes, uma guerra civil, uma rebelião, e que estamos vivendo em uma parte do universo que está ocupada pelos rebeldes.

Um território ocupado pelo inimigo — eis o que é o mundo. E o cristianismo é a história de como o rei legítimo aportou, você poderia dizer até que aportou disfarçado, e nos chama para participar da grande campanha de sabotagem. Quando você vai à igreja, na verdade está captando ondas secretas da rádio de nossos aliados: eis por que o inimigo está tão ansioso por nos impedir de ir até lá. Ele faz isso jogando com nosso preconceito, com nossa preguiça e esnobismo intelectual. Eu sei que alguém vai me perguntar: "Você está mesmo querendo dizer, a essa hora do dia, que devemos reintroduzir nosso bom e velho amigo, o diabo — com cascos, chifres e tudo?" Bem, o que a hora do dia tem a ver com isso eu não sei, e não entrei nos detalhes do casco e do chifre, mas, de resto, minha resposta é: "Sim, estou". Não estou reivindicando saber nada sobre a sua aparência pessoal. Se alguém realmente deseja conhecê-lo melhor, eu diria a essa pessoa: "Não se preocupe. Se você realmente quiser, vai fazê-lo. Resta saber apenas se você vai gostar dele".

CAPÍTULO 3

A alternativa chocante

Então, os cristãos acreditam que um poder do mal se tornou o príncipe do mundo no presente, e é claro que isso gera problemas. Esse estado das coisas está ou não de acordo com a vontade de Deus? Se estiver, você dirá que ele é um Deus estranho; e, se não estiver, como é que alguma coisa pode acontecer contrária à vontade de um ser dotado de poder absoluto?

Mas qualquer um que tenha sido investido de autoridade sabe como uma coisa pode de algum modo estar de acordo com sua vontade e de outro modo, não. Pode ser bem sensato para uma mãe dizer aos seus filhos: "Eu me recuso a mandá-los arrumar seu quarto de brinquedos todas as noites. Vocês terão de aprender a mantê-lo em ordem sozinhos". Então, numa determinada noite, ela entra e encontra espalhados pelo quarto o ursinho de pelúcia, as canetinhas e o livro de gramática. Isso vai contra a vontade dela, pois ela preferia que as crianças fossem organizadas, mas, por outro lado, foi a vontade dela que deixou as crianças livres para serem desorganizadas. O mesmo ocorre em qualquer regimento, sindicato ou escola. É só dizer que alguma coisa é voluntária, que metade das pessoas deixa de fazê-la. Ainda que essa não fosse a pretensão inicial, foi a sua vontade que tornou isso possível.

Provavelmente, é isso que acontece no universo. Deus criou coisas dotadas de livre-arbítrio, e isso significa criaturas que têm a opção de fazer o bem ou o mal. Algumas pessoas acham que são capazes de imaginar uma criatura livre, mas impedida de fazer o mal; eu não consigo. Se alguém é livre para ser bom, também é livre para ser mau. Por que então Deus concede o livre-arbítrio? Porque o livre-arbítrio, embora possibilite o mal, também é a única coisa que torna possível todo o amor, toda a bondade ou toda a alegria. Um mundo de autômatos — de criaturas que trabalhassem feito máquinas — dificilmente valeria a pena ser criado. A felicidade que Deus designou para suas criaturas superiores é a felicidade de estar em união com ele e umas com as outras livre e voluntariamente, em um êxtase de amor e prazer que, quando comparado com o amor mais arrebatador entre um homem e uma mulher nesta Terra, este último seria água com açúcar. E para isso eles têm de ser livres.

É claro que Deus sabia o que iria acontecer se a liberdade fosse usada de forma errada: aparentemente, ele achou que valia a pena arriscar. Talvez nos sintamos inclinados a discordar dele, mas quem somos nós para discordar de Deus? Ele é a fonte da qual vem todo o nosso poder de raciocínio: você não poderia estar certo e ele, errado, da mesma forma que um riacho não pode correr no sentido contrário à sua própria nascente. Quando você está argumentando contra ele, está argumentando contra o poder que permite a própria argumentação — é como cortar fora o galho da árvore em que você está sentado. Se Deus acha que esse estado de guerra do universo é um preço que vale a pena pagar pelo livre-arbítrio — isto é, por criar um mundo vivo, em que as criaturas podem fazer o bem ou causar danos reais e em que algo de real importância pode acontecer, em vez de um mundo de marionetes, que só se move quando ele mexe as cordas —, então podemos supor que vale mesmo a pena pagar o preço.

Quando tivermos entendido algo sobre o livre-arbítrio, devemos ver a tolice que é perguntar, como alguém já me perguntou: "Por que Deus fez uma criatura de uma matéria tão pútrida, corrompendo-a?" Quanto melhor for a matéria de que uma criatura tenha sido feita — quanto mais inteligente, forte e livre ela for —, melhor ela se tornará se seguir o caminho certo, mas, também, pior se tornará quando seguir o caminho errado. Uma vaca não pode ser muito boa nem muito má; já um cachorro pode ser melhor ou pior; uma criança, ainda melhor ou pior; uma pessoa comum, mais ainda; uma pessoa geniosa, nem se fala; um espírito sobre-humano, o melhor — ou o pior — de todos.

Como o Poder das Trevas se corrompeu? Aqui, sem dúvida, fazemos uma pergunta para a qual os seres humanos não podem dar uma resposta com absoluta certeza, entretanto, pode-se oferecer uma hipótese razoável (e tradicional) com base em nossa própria experiência de corrupção. No momento em que você tem um ego, surge a possibilidade de colocar a si mesmo em primeiro lugar — de querer ser o centro —, que é o desejo, na verdade, de ser Deus. Esse foi o pecado de Satanás, e esse foi o pecado que ele ensinou à humanidade. Algumas pessoas acham que a queda do homem teve algo a ver com sexo, mas isso é um equívoco. (A história do livro do Gênesis afirma, antes, que em decorrência da queda, a nossa natureza sexual se corrompeu; mas como resultado dela, não sua causa.) O que Satanás pôs na mente de nossos ancestrais remotos foi a ideia de que eles poderiam "ser como deuses" — como se pudessem estruturar-se por si mesmos, como se tivessem criado a si mesmos —, ser os seus próprios mestres — inventar uma espécie de felicidade para si fora de Deus, à parte de Deus. E dessa tentativa desesperada veio praticamente tudo o que chamamos de história humana — dinheiro, pobreza, ambição, guerra, prostituição, classes, impérios, escravidão —, a longa e terrível história do homem tentando encontrar felicidade em algo diferente de Deus.

A razão pela qual tal empreendimento jamais será bem-sucedido é esta: Deus nos criou, ele nos inventou como uma pessoa inventa um motor. Um carro é feito para funcionar à base de gasolina, e ele não funcionaria com nenhum outro combustível.[1] Agora, Deus designou a máquina humana para funcionar à base dele mesmo. Ele mesmo é o combustível que nossos espíritos foram designados para queimar, ou o alimento do qual nossos espíritos foram designados para se alimentar. Não há outro. Essa é a razão pela qual

---

[1] Na época de Lewis ainda não havia combustíveis alternativos. [N. T.]

simplesmente não adianta pedir a Deus para nos fazer felizes do nosso jeito, independentemente da religião. Deus não pode nos dar felicidade e paz à parte de si mesmo, porque elas não se encontram aí. Não existe tal coisa.

Essa é a chave para a história da humanidade. Uma energia extraordinária é dispendida — civilizações são construídas — e instituições excelentes, criadas; mas sempre há algo que dá errado. Sempre ocorre algum desastre fatal que faz as pessoas egoístas e cruéis subirem ao poder, e tudo se torna em miséria e ruína — na verdade, a máquina começa a falhar. Ela parece iniciar perfeitamente e funciona por alguns quilômetros, e então o motor funde, pois eles estão tentando fazê-la funcionar com o combustível errado. Foi isso que Satanás nos fez conosco, seres humanos.

E o que foi que Deus fez? Antes de tudo, ele nos conferiu consciência, o sentido do certo e do errado, e por toda a história houve pessoas tentando (algumas muito intensamente) obedecer-lhe. Nenhuma delas foi bem-sucedida. Em segundo lugar, ele enviou à humanidade o que eu chamo de bons sonhos: estou me referindo àquelas histórias esquisitas espalhadas pelas religiões gentias sobre um deus que morre e volta à vida, e, por sua morte, de alguma forma concedeu nova vida ao ser humano. Em terceiro lugar, ele selecionou um povo em particular e passou vários séculos incutindo na cabeça deles o tipo de Deus que ele é — que não havia nenhum igual a ele e que ele exigia uma conduta correta. Os judeus são esse povo, e o Antigo Testamento nos oferece o relato de como ocorreu esse processo de incutir.

Mas o verdadeiro choque ainda estava por vir. Eis que da descendência desse povo subitamente surge um homem que anda por aí dizendo que é Deus. Ele alega ter poder para perdoar pecados. Diz que sempre existiu. Afirma que está vindo julgar o mundo no fim dos tempos. Agora, vamos deixar bem clara uma coisa. Entre os povos panteístas, como são os indianos, qualquer um poderia dizer que fazia parte de Deus ou que é um com Deus; não há nada de muito estranho nisso. Mas esse homem, pelo fato de ser judeu, não poderia estar se referindo a esse tipo de Deus. Deus, na linguagem deles, significava o ser que está fora do mundo, o Criador e aquele que é infinitamente diferente de tudo. E, quando você entende isso, verá que as palavras ditas por esse homem eram, simplesmente, os pronunciamentos mais chocantes já enunciados por lábios humanos.

Há um elemento nessa reivindicação que tende a passar despercebido por nós, porque o ouvimos tantas vezes que já não nos damos conta mais de suas consequências. Eu me refiro à alegação de perdoar pecados — quaisquer pecados. Agora, a menos que seja o próprio Deus falando, tal pronunciamento é tão absurdo que se torna cômico. Todos entendemos que uma pessoa pode perdoar ofensas contra si mesma. Você pisou no meu calo e eu lhe perdoo, você roubou o meu dinheiro e eu lhe perdoo. Mas o que diríamos de uma pessoa que, não tendo sido pisada ou roubada, anunciasse que perdoa essas ofensas cometidas contra outra pessoa? Insensatez estúpida seria a descrição mais gentil que poderíamos fazer de sua conduta. Entretanto, foi isso o que Jesus fez. Ele disse às pessoas que os seus pecados estavam perdoados sem nunca sequer consultar aquelas às quais esses pecados lesaram. Ele se comportou, sem hesitar, como se fosse a parte mais afetada, a pessoa mais ofendida em todas as ofensas. Isso só faria sentido se ele realmente fosse o Deus cujas leis estão sendo infringidas e cujo amor é ferido a cada pecado cometido. Na boca de qualquer outra pessoa que não seja Deus, as palavras implicariam o que eu só posso considerar uma tremenda imbecilidade e presunção sem precedentes na história.

Contudo (e este é o fato estranho e, ao mesmo tempo, significativo), nem mesmo seus inimigos, quando leem os Evangelhos, costumam ter a impressão de imbecilidade ou presunção, muito menos os leitores desprovidos de preconceitos. Cristo diz que ele é "humilde e manso", e nós acreditamos nele; e não percebemos que, se ele fosse meramente um homem, a humildade e a mansidão são as últimas características que poderíamos atribuir a alguns dos seus ditos.

Quero evitar aqui que alguém diga a enorme tolice que muitos costumam dizer a respeito dele: "Estou pronto para aceitar a Jesus como um grande mestre de moral, mas não aceito sua reivindicação de ser Deus". Esse é o tipo de coisa que não se deve dizer. Um homem que fosse meramente um ser humano e dissesse o tipo de coisa que Jesus disse não seria um grande mestre de moral. De duas uma, ou ele seria um lunático — do nível de alguém que afirmasse ser um ovo frito —, ou então seria o diabo em pessoa. Faça a sua escolha. Ou esse homem era, e é, o Filho de Deus; ou então um louco ou algo pior. Você pode descartá-lo como sendo um tolo ou pode cuspir nele e matá-lo como a um demônio; ou, então, poderá cair de joelhos a seus pés e chamá-lo de Senhor e Deus. Mas não me venha com essa conversa mole de ele ter sido um grande mestre de moral, pois ele não nos deu essa alternativa, nem tinha essa pretensão.

CAPÍTULO 4

O penitente perfeito

Então, estamos diante de uma alternativa amedrontadora. Esse homem sobre o qual estamos falando ou era (e é) precisamente o que ele disse que era, ou, então, era um lunático ou coisa pior. Agora, me parece óbvio que ele não era nem um lunático nem um fanático; e, consequentemente, por mais estranho, aterrorizante ou improvável que possa parecer, tenho de aceitar a visão de que ele era e é Deus, o qual aportou em seu mundo ocupado pelo inimigo, em forma humana.

E agora, qual foi o propósito disso tudo? O que ele veio fazer? Bem, veio ensinar, é claro; mas assim que você se puser a ler o Novo Testamento ou qualquer outro escrito cristão, descobrirá que eles estão constantemente falando de algo bem diferente — de sua morte e ressurreição. É óbvio que os cristãos acreditam que o ponto central da história esteja aqui. Eles pensam que a coisa mais importante que ele veio fazer na Terra foi sofrer e ser morto.

Ora, antes de me tornar cristão, tinha a impressão de que a primeira coisa em que os cristãos tinham de acreditar era uma teoria particular sobre qual era o sentido dessa morte. De acordo com essa teoria, Deus queria punir os homens por terem desertado e se juntado ao Grande Rebelde, mas Cristo se voluntariou para ser punido no lugar deles e, assim, Deus permitiu que escapássemos da punição. Hoje, admito que nem mesmo essa teoria me parece assim tão imoral e tola quanto costumava parecer; mas não é esse o ponto que quero destacar. O que eu reconheci mais tarde foi que o cristianismo não equivalia a essa teoria nem a outra qualquer. A crença central do cristianismo é que a morte de Cristo de alguma forma nos colocou em ordem com Deus e nos permitiu ter um novo começo. Teorias sobre como isso foi feito são outra história. Diversas teorias já foram formuladas sobre como isso funciona; mas se há algo com que todos os cristãos concordam é que funcionou. Vou contar a vocês como penso que funciona. Toda pessoa sensata sabe que, se você está cansado e com fome, uma boa refeição vai lhe fazer bem. Mas a teoria moderna da nutrição — toda voltada para vitaminas e proteínas — diz outra coisa. As pessoas jantavam e se sentiam bem muito antes de qualquer pessoa ter ouvido falar da teoria das vitaminas, então, se essa teoria for abandonada algum dia, elas vão continuar jantando da mesma forma. As teorias sobre a morte de Cristo não equivalem ao cristianismo: elas são explicações sobre como as coisas funcionam. Nem todos os cristãos concordariam sobre a importância dessas teorias. Minha própria igreja — a Igreja Anglicana — não estabelece nenhuma delas como a correta. A Igreja Católica vai um pouco além. Creio, porém, que todos eles vão concordar que a coisa em si é infinitamente mais importante do que quaisquer explanações produzidas pelos teólogos. Creio que eles provavelmente admitiriam que nenhuma explicação jamais se adequará suficientemente à realidade, mas, como eu disse no prefácio deste livro, não passo de um leigo e, nesse ponto, estamos entrando em águas profundas. Só o que posso compartilhar com você, se é que vale alguma coisa, é a minha visão pessoal da questão.

A meu ver, você não é convidado a aceitar as próprias teorias em si. Muitos de vocês sem dúvida leram obras de Jeans ou Eddington.[1] O que estes autores fazem quando querem explicar o átomo ou algo desse tipo é oferecer uma descrição a partir da qual você pode traçar uma imagem mental. Mas, em seguida, eles o advertem de que essa imagem não constitui exatamente o cerne daquilo em que os cientistas acreditam. Eles acreditam mesmo é numa fórmula matemática. As imagens existem apenas para nos ajudar a entender a fórmula, mas não são verdadeiras como a fórmula; elas não exprimem a dimensão da realidade, mas apenas algo mais ou menos semelhante a ela. Todas elas pretendem ajudar e, se não ajudarem, você pode abandoná-las. A realidade em si não pode ser retratada em imagens, ela só pode ser expressa em termos matemáticos. Estamos diante de uma situação parecida aqui. Cremos que a morte de Cristo é precisamente aquele ponto da história no qual algo absolutamente inimaginável vindo de fora se mostrou em nosso próprio mundo.

---

[1] Esta é provavelmente uma menção ao astrônomo James Hopwood Jeans (1877-1946) e ao astrofísico Arthur Stanley Eddington (1882-1944). [N. T.]

E, se não conseguimos expressar em imagens nem mesmo os átomos dos quais nosso mundo é constituído, não dá para esperar que estejamos em condições de retratar esse evento sublime. De fato, se acreditássemos que podemos compreendê-lo completamente, esse fato preciso se mostraria diferente do que professava ser — o inconcebível, o não criado, algo que está além da natureza e que cai nela como um raio. Você poderia perguntar de que isso adianta se não podemos compreendê-lo. Mas a resposta a isso é fácil. Uma pessoa pode jantar sem entender exatamente como o alimento a nutre. Da mesma forma, uma pessoa pode aceitar o que Cristo fez por ela sem compreender como isso foi possível: na verdade, ela não terá condições de compreendê-lo enquanto não aceitá-lo.

Ouvimos que Cristo morreu por nós, e que a sua morte lavou os nossos pecados, e que, ao morrer, ele anulou a própria morte. Essa é a fórmula. Eis aí o cristianismo. É nisso que se deve acreditar. Quaisquer teorias que construímos sobre como a morte de Cristo fez isso, aos meus olhos, são francamente dispensáveis, visto que não passam de esquemas ou diagramas que devem ser descartados assim que deixarem de nos ajudar, e, mesmo que ajudem de alguma maneira, não devem ser confundidos com a realidade em si. De qualquer forma, algumas dessas teorias merecem um exame mais criterioso.

A teoria de que a maioria das pessoas já ouviu falar é a que eu mencionei anteriormente — aquela que diz que nós fomos eximidos do castigo porque Cristo se voluntariou para assumir a punição em nosso lugar. Ora, se a examinarmos mais de perto, essa parece uma teoria muito tola.

Se Deus estava preparado para nos eximir, por que simplesmente não o fez? E que sentido poderia haver em punir uma pessoa inocente no lugar das culpadas? Se considerarmos a punição no sentido jurídico e policial, até onde posso enxergar, não faz nenhum sentido. Por outro lado, se pensarmos em uma dívida, faz bastante sentido que uma pessoa que tenha algum recurso salde essa dívida no lugar daquela que não dispõe de recurso nenhum. Ou, se entendermos a expressão "cumprir a pena", não no sentido de ser punido, mas no mais geral de "assumir a culpa" e "pagar a conta", então, claro, todos sabem por experiência comum que, quando uma pessoa cai num buraco, a responsabilidade de tirá-la de lá geralmente é assumida por algum bom amigo.

Agora, em que tipo de "buraco" o homem caiu? Ele tentou se içar para fora como se pertencesse a si mesmo. Em outras palavras, o homem decaído não é simplesmente uma criatura imperfeita que necessita de aperfeiçoamento, e sim um rebelde que está precisando abandonar suas armas. Baixar as armas e entregar-se; expressar seu arrependimento, dar-se conta de ter estado no rumo errado e se preparar para começar a vida do início, do primeiro degrau — eis a única maneira de sair do "buraco". Esse processo de entrega — esse movimento de marcha à ré a toda a velocidade — é o que os cristãos chamam de arrependimento. Mas, há de se convir, arrepender-se não é nada divertido. Trata-se de algo mais difícil do que simplesmente se humilhar e admitir a própria culpa. Significa desaprender toda a presunção e teimosia que nos foram incutidas por milhares de anos. Significa aniquilar parte de nós, passando por uma espécie de morte. Na verdade, é necessário que a pessoa seja boa para se arrepender. E eis aí um verdadeiro paradoxo: só uma pessoa má precisa de arrependimento, mas só uma pessoa boa consegue arrepender-se perfeitamente. Quanto pior você for, mais precisará arrepender-se e menos conseguirá fazê-lo. A única pessoa que conseguiria fazê-lo com perfeição seria alguém perfeito — e esse alguém não precisaria de modo nenhum fazê-lo.

Lembre-se de que esse arrependimento, essa submissão voluntária à humilhação e uma espécie de morte não é algo que Deus exija de você para o aceitar de volta e do qual ele poderia eximi-lo se assim quisesse; trata-se simplesmente de uma descrição do que é a volta para Deus. Se você pedir para Deus aceitá-lo de volta sem isso, você estará lhe pedindo para voltar sem, de fato, voltar, e isso é impossível. Muito bem, então, temos de nos arrepender, não tem outro jeito. Entretanto, a maldade que nos leva a precisar disso nos torna incapazes de tomar essa atitude. Será que podemos fazer isso se Deus nos ajudar? Sim, mas o que a ideia de sermos ajudados por Deus significa? Queremos dizer, em outras palavras, que Deus coloca um pouco dele em nós. Ele nos empresta um pouco dos poderes de sua razão e, assim, conseguimos raciocinar: ele coloca um pouco do seu amor em nós e, assim, amamos uns aos outros. Quando você ensina uma criança a escrever, segura na mão dela para ela formar as letras: isto é, ela forma as letras porque você as está formando. Nós amamos e raciocinamos porque Deus ama, e raciocina, e segura a nossa mão enquanto nós o estamos fazendo. Agora, se não tivéssemos caído, tudo estaria bem. Mas, infelizmente, agora necessitamos da ajuda de Deus para fazer algo que ele mesmo, por sua própria natureza, nunca faz — entregar-se, sofrer, submeter-se, morrer. Não há absolutamente nada na natureza de Deus que corresponda a esse processo, de modo que necessitamos agora, mais do que nunca, da condução de Deus pelo único caminho que ele, por sua própria natureza, nunca percorreu. Deus só pode compartilhar conosco o que ele tem, e aquelas coisas não estão presentes em sua natureza.

Mas suponha que Deus tenha se tornado homem — suponha que a nossa natureza humana, que é capaz de sofrer e morrer, tivesse sido amalgamada com a natureza de Deus em uma pessoa —, então, essa pessoa poderia nos ajudar. Ele poderia renunciar sua vontade, sofrer e morrer, porque seria humano; e poderia fazê-lo de forma perfeita porque seria Deus. Você e eu só podemos passar por esse processo se Deus o realiza em nós; mas Deus só poderia fazê-lo tornando-se ele mesmo um homem. Para que nossas tentativas de morrer tenham êxito, nós, humanos, temos de compartilhar da morte de Deus, da mesma forma que nosso pensamento só pode alcançar êxito se for uma gota do oceano da sua inteligência. Por outro lado, não podemos compartilhar da morte de Deus a não ser que ele morra, mas ele só pode morrer tornando-se homem. Esse é o sentido pelo qual ele paga nossa dívida e sofre por nós o que ele próprio não necessita de modo algum sofrer.

Já ouvi certas pessoas se queixarem de que, se Jesus era Deus, assim como também era homem, então os seus sofrimentos e sua morte perdem todo o valor a seus olhos, "porque tudo isso deveria ser muito fácil para ele". Outros, por sua vez, poderiam (muito corretamente) repreender a ingratidão e a crueldade dessa objeção; o que me espanta é a ignorância que ela revela. Em certo sentido, é claro que os que a fazem estão certos. Eles poderiam até ter levado o caso mais longe. A perfeita submissão, o perfeito sofrimento e a morte perfeita não apenas foram mais fáceis para Jesus porque ele era Deus, mas também só foram possíveis porque ele era Deus. Mas certamente esse é um motivo muito estranho para não aceitar esses feitos, não é? Um professor está em condições de formar as letras para a criança porque ele é adulto e sabe escrever. Isso, é claro, facilita as coisas para ele; e é apenas porque é mais fácil para ele que ele pode ajudar a criança. Se ela rejeitasse a ajuda porque "é muito fácil para os adultos" e esperasse aprender a escrever com outra criança que tampouco soubesse escrever (e, assim, não tivesse vantagem "injusta"), ela não progrediria muito rápido. Se eu estiver me afogando em um riacho, uma pessoa que está com um pé firme num banco de areia pode me dar uma mão capaz de salvar a minha vida. Será que seria razoável eu gritar (entre uma tomada de ar e outra): "Não. Isso não é justo! Você está em vantagem! Está com um pé no banco de areia"? Essa vantagem — por mais "injusta" que você possa chamá-la — é a única razão por que ele pode me ser útil, pois de quem buscamos ajuda se não daqueles que vemos que são mais fortes do que nós?

Essa é a minha própria forma de encarar o que os cristãos chamam de Expiação. Mas lembre-se de que essa é apenas uma imagem. Não a confunda com a realidade, e, se ela não o ajudar, deixe-a de lado.

CAPÍTULO 5

A conclusão prática

Cristo entregou-se e humilhou-se de forma perfeita: perfeita porque ele era Deus, entregou-se e humilhou-se porque era homem. Agora, a crença cristã diz que, se alguém compartilha a humildade e o sofrimento de Cristo de alguma forma, também temos de compartilhar de sua conquista da morte e encontrar nova vida depois de termos morrido, e, nisso, nos tornarmos criaturas perfeitas e perfeitamente felizes. Isso significa muito mais do que simplesmente seguir seus ensinamentos. As pessoas muitas vezes se perguntam quando será dado o próximo passo da evolução — o passo para além do ser humano — mas, na visão cristã, ele já foi dado. Em Cristo, uma nova espécie de ser humano surgiu, e a nova vida que começa com ele deve ser posta dentro de nós.

Como isso deve ser feito? Ora, lembre-se de como adquirimos nossa forma de vida velha e comum. Nós a recebemos dos outros, de nosso pai e de nossa mãe, e de todos os nossos ancestrais, sem o nosso consentimento — e por um processo bastante curioso, que envolve prazer, dor e perigo e que jamais teríamos imaginado. A maioria de nós passou boa parte da infância tentando imaginar como a vida se originou, e algumas crianças, quando lhes foi dito pela primeira vez, não acreditaram — e não as culpo, pois tudo é bem estranho mesmo. Ora, o Deus que inventou esse processo é o mesmo Deus que planeja como o novo tipo de vida — a vida em Cristo — deve ser difundido. Então, não devemos ficar surpresos se ele não for menos estranho. Ele não nos consultou quando inventou o sexo, e tampouco nos consultou quando inventou esse novo processo.

Há três coisas que infundiram a vida de Cristo em nós: o batismo, a fé e a ação misteriosa a que os diferentes cristãos dão nomes diferentes — a Santa Comunhão, a Eucaristia, a Santa Ceia. Esses, pelo menos, são os três métodos mais comuns. Não estou dizendo que não possa haver casos especiais, nos quais ela tenha sido infundida sem um ou mais desses elementos. Não tenho tempo para entrar em casos especiais, e tampouco tenho conhecimento suficiente para isso. Se você estivesse tentando explicar a alguém, em poucos minutos, como chegar a Edimburgo, indicaria os trens; é verdade que ele poderia ir até lá de barco ou de avião, mas você dificilmente pensaria nisso. E não estou entrando no mérito de qual desses três elementos é o mais essencial. Meu amigo metodista iria querer que eu falasse mais sobre a fé e menos (proporcionalmente) sobre os outros dois, mas não vou entrar nessa. Qualquer um que queira ensinar a doutrina cristã vai, na verdade, recomendar que todos os três elementos sejam usados, e isso é suficiente para o nosso presente propósito.

Eu mesmo não consigo entender por que esses elementos deveriam nos conduzir ao novo tipo de vida. Mas até aí, se ninguém tivesse me esclarecido, eu nunca teria visto nenhuma relação entre um prazer físico particular e o nascimento de um novo ser humano neste mundo. Temos de tomar a realidade como ela se apresenta a nós, e não tagarelar sobre como ela deveria ser ou como esperávamos que fosse. Mas, embora eu não entenda por que as coisas são assim, posso lhe dizer por que creio que sejam. Já expliquei por que tenho de crer que Jesus foi (e é) Deus, e parece tão claro quanto qualquer outro fato histórico que a nova vida tenha sido comunicada da maneira como ele ensinou aos seus seguidores. Em outras palavras, creio nisso com base em sua autoridade. Não tenha medo da palavra "autoridade", pois acreditar em coisas com base na autoridade não significa nada mais do que acreditar nelas porque você considera a pessoa que as contou a você confiável. Noventa e nove por cento das coisas nas quais acreditamos são baseadas na autoridade de alguém. Eu acredito que haja um lugar chamado Nova York, apesar de não tê-lo visto com meus próprios olhos, e não poderia provar por meio de um raciocínio abstrato que tal lugar exista necessariamente. Acredito nele porque pessoas confiáveis me falaram dele. O homem comum acredita no Sistema Solar, em átomos, em evolução e em circulação do sangue com base na autoridade — porque os cientistas dizem que essas coisas existem. Toda e qualquer afirmação histórica sobre a face da Terra é crida com base no princípio de autoridade. Nenhum de nós viu a conquista da

Normandia ou a derrota da Invencível Armada. Nenhum de nós poderia prová-las pela lógica pura, da mesma forma que se podem provar coisas na matemática. Acreditamos nelas simplesmente porque pessoas que as viram deixaram relatos escritos sobre esses acontecimentos; ou seja, com base na autoridade. Alguém que duvida da autoridade nos demais assuntos, da mesma forma que as pessoas fazem com aqueles fatos relativos à religião, deveria se contentar em não saber nada de nada.

Mas não se iluda. Não estou estabelecendo o batismo, a fé e a Santa Ceia como práticas que serão suficientes para substituir seus esforços para imitar a Cristo. Sua vida natural é derivada de seus pais; mas isso não significa que ela será mantida se você não fizer nada em prol dela. Você poderá perdê-la por negligência ou poderá pôr um fim a ela cometendo suicídio. Você precisa alimentá-la e cuidar dela; mas lembre-se sempre de que não é você que a está constituindo, ou seja, o que você está fazendo é somente preservar uma vida que recebeu de alguém. Do mesmo modo, um cristão pode perder a vida em Cristo que foi posta nele, e ele tem de esforçar-se para mantê-la. Mas até mesmo o melhor dos cristãos que já viveram não estará agindo por esforço próprio — ele estará apenas alimentando ou protegendo a vida que nunca poderia ter adquirido por esforço próprio. E isso tem consequências práticas, pois, enquanto a vida natural estiver em seu corpo, ela se empenhará em conservar esse corpo. Um corpo vivo não é aquele que nunca se fere, mas aquele que é capaz de curar-se a si mesmo até certo ponto. Semelhantemente, um cristão não é uma pessoa que nunca comete erros, mas uma pessoa capaz de se arrepender e dar a volta por cima, começando tudo de novo depois de todo o tropeço que der — porque a vida em Cristo está dentro dele, curando-o o tempo todo, capacitando-o a imitar (até certo ponto) o tipo de morte voluntária que Cristo, em pessoa, assumiu.

Eis por que o cristão está numa posição diferente de outras pessoas que estão tentando ser boazinhas. Elas esperam que, sendo boas, estejam agradando a Deus, caso ele exista; ou — caso achem que ele não existe — pelo menos esperam merecer a aprovação de homens bons. Mas o cristão acredita que qualquer bem que ele possa fazer venha da vida em Cristo que está dentro dele. Ele não acha que Deus nos amará porque estamos sendo bons, mas que Deus nos tornará bons porque ele nos ama; isso pode ser comparado ao telhado de uma casa de jardim que não atrai os raios do sol porque é brilhante, mas é brilhante porque o sol irradia sobre ele.

E quero deixar bem claro que, quando os cristãos dizem que a vida de Cristo está dentro deles, não estão se referindo simplesmente a algo mental ou moral. Quando eles falam de estar "em Cristo", ou de Cristo estar "neles", essa não é simplesmente uma forma de dizer que eles estejam pensando em Cristo ou tentando imitá-lo. Eles querem dizer que Cristo está realmente operando por meio deles; que toda a massa de cristãos compõe o organismo físico por meio do qual Cristo atua — que nós somos os seus dedos e músculos, as células do seu corpo, e talvez isso explique algumas coisas. Explica por que essa vida nova é difundida não apenas por atos puramente mentais, como a fé, mas também por atos corpóreos, como o batismo e a Santa Ceia.

Não se trata apenas da difusão de uma ideia; trata-se de algo mais parecido com a evolução — um fato biológico ou suprabiológico. Não vale a pena tentar ser mais espiritual do que Deus, pois ele nunca pretendeu que o ser humano fosse uma criatura puramente espiritual; por isso ele usa coisas materiais como pão e vinho para incutir nova vida em nós. Podemos até achar que isso é muito rudimentar e pouco espiritual, mas Deus não acha; ele inventou o ato de comer, ele gosta da matéria. Foi ele mesmo quem a inventou.

Aqui vai outra coisa que costumava me intrigar. Não é terrivelmente injusto que essa nova vida seja confinada a pessoas que ouviram falar de Cristo e foram capazes de crer nele? Mas a verdade é que Deus não nos disse quais são os seus planos sobre as outras pessoas. O que sabemos é que nenhuma pessoa pode ser salva senão por intermédio de Cristo; não sabemos se somente aquelas pessoas que o conhecem podem ser salvas por ele. Mas, nesse meio-tempo, se você está preocupado com as pessoas de fora, a atitude mais insensata que você pode ter é também ficar de fora. Os cristãos são o corpo de Cristo, o organismo por meio do qual ele trabalha. Todo acréscimo a esse corpo permite que ele trabalhe mais. Se você quiser ajudar aqueles que estão do lado de fora, terá de acrescentar sua própria pequena célula ao corpo de Cristo, que é o único que pode ajudá-los. Decepar os dedos de uma pessoa seria uma forma estranha de fazer com que trabalhe mais.

Outra objeção possível é a seguinte: por que Deus aportou sob disfarce neste mundo ocupado pelo inimigo e iniciou uma espécie de sociedade secreta para sabotar o diabo? Por que ele não invade com força total? Será que é porque ele não é forte o suficiente? Bem, os cristãos pensam que ele virá com força total, só não sabemos quando. Mas podemos imaginar o porquê de sua demora. Ele quer nos dar uma chance de aderir ao seu lado de forma voluntária. Não suponho que você e eu teríamos em alta conta um francês que esperasse que os aliados invadissem a Alemanha para só então anunciar que estava do nosso lado. A invasão de Deus é iminente, mas eu me pergunto se as pessoas que pedem para Deus interferir aberta e diretamente no nosso mundo se dão conta do que estão pedindo. Quando isso acontecer, será o fim do mundo. Quando o autor se apresenta no palco é porque a peça acabou. Deus fará a invasão, tudo bem, mas qual é a vantagem de você dizer que está do lado dele apenas quando vir todo o mundo natural se dissolvendo como num sonho ou algo parecido — algo que você nunca imaginou antes — irrompendo com força; algo tão magnífico para alguns e tão terrível para outros, que não reste nenhuma alternativa para qualquer um de nós? Dessa vez Deus virá sem disfarce; algo tão impressionante que causará reações de amor ou horror irresistível a toda criatura. Então, será tarde demais para escolher o seu lado. Não adianta dizer que você decidiu deitar quando já é impossível ficar em pé. Essa já não será hora de escolher; será hora de descobrir de qual lado realmente nós escolhemos ficar, quer tenhamos dado conta disso antes, quer não. A hora é agora, hoje mesmo, neste instante, de escolher o lado certo. Deus está se delongando para nos dar essa chance. E ela tem prazo de validade. É pegar ou largar.

LIVRO III

Conduta cristã

CAPÍTULO 1

As três partes da moral

Conta-se a história de um garoto em idade escolar a quem perguntaram sua opinião sobre quem era Deus. Ele respondeu que, até onde podia imaginar, Deus era o "tipo de pessoa que está sempre bisbilhotando a vida de alguém que está se divertindo, para então tentar ser um estraga-prazeres". E receio que esse seja o tipo de ideia que a palavra *moralidade* desperta na mente de boa parte das pessoas: algo que interfere, algo que as impede de se divertir. Na verdade, as regras morais são instruções de uso da máquina humana. Toda regra moral existe para evitar um colapso, ou um superaquecimento, ou um atrito, no funcionamento dessa máquina. Eis por que essas regras, num primeiro momento, parecem estar constantemente interferindo nas nossas inclinações naturais. Quando lhe ensina como usar a máquina, o instrutor fica dizendo: "Não, não faça desse jeito", porque é claro que há todo tipo de coisa que lhe parece correta e natural na maneira de lidar com a máquina, mas que, no fundo, não funciona.

Alguns preferem falar de "ideais" morais em vez de regras morais, e sobre o "idealismo" moral em vez de obediência moral. Ora, é claro que é bem verdade que a perfeição moral é um "ideal" no sentido de ser inalcançável. Por conseguinte, todo tipo de perfeição é, para nós, humanos, um ideal; não podemos ter sucesso em ser motoristas ou tenistas perfeitos nem ser capazes de traçar linhas perfeitamente retas. Mas há outro sentido em que seria muito equivocado chamar a perfeição moral de ideal. Quando um indivíduo diz que certa mulher, ou casa, ou navio, ou jardim é "seu ideal", ele não quer dizer (a menos que seja um completo imbecil) que todo o resto do mundo tenha de ter o mesmo ideal. Em assuntos assim, temos o direito de ter gostos diferentes e, portanto, diferentes ideais. Mas é perigoso descrever alguém que tente com todas as suas forças manter a lei moral como uma "pessoa de grandes ideais", porque isso pode levá-lo a achar que a perfeição moral é um gosto particular e pessoal, e que o restante de nós não tenha sido chamado a compartilhar dela, o que seria um erro grosseiro. O comportamento perfeito pode ser tão inalcançável quanto é a troca de marcha perfeita quando estamos dirigindo, mas se trata de um ideal necessário, prescrito para todos os seres humanos pela natureza própria da máquina humana, da mesma forma que a troca de marcha perfeita é um ideal prescrito para todos os motoristas pela natureza própria dos carros. E seria ainda mais perigoso achar que somos pessoas de "grandes ideais" porque nos empenhamos em nunca, jamais, mentir (e não contar uma mentirinha ou outra), ou em jamais cometer adultério (em vez de cometê-lo raras vezes), ou em não ser uma pessoa violenta (em vez de agir só com um pouquinho de violência). Isso pode levá-lo a se tornar uma pessoa arrogante e a achar que é alguém realmente especial, que mereceria ser elogiado por seu "idealismo". Na verdade, você poderia esperar igualmente ser elogiado porque, sempre que faz uma conta, tenta acertá-la. Com certeza, a aritmética perfeita é "um ideal"; mas você certamente acabará cometendo erros de cálculo. Porém, não há nada de muito sofisticado em tentar ser o mais preciso possível a cada passo de uma conta. Na verdade, é idiotice não tentar sê-lo, pois todo erro acabará gerando problemas posteriores, provavelmente aos outros e certamente a você mesmo. Sempre que falamos de regras e de obediência, em vez de "ideais" e "idealismo", estamos nos fazendo o favor de nos lembrar desses fatos.

Agora, vamos dar um passo além. Há duas formas pelas quais a máquina humana pode emperrar. Uma delas é quando os indivíduos humanos se afastam uns dos outros ou, então, chocam-se uns com os outros, prejudicando-se mutuamente pela trapaça ou pela provocação. A outra é quando as coisas vão mal dentro do indivíduo — quando as diferentes partes dele (suas diferentes faculdades e desejos, e assim por diante) se dissociam, ou, então, interferem uma na outra. Você pode ter uma ideia mais clara disso imaginando-se como uma fragata de navios que esteja navegando em formação. A viagem só poderá ser um sucesso se, antes de tudo, os navios não colidirem uns com os outros nem se colocarem no caminho uns dos outros; e, em segundo lugar, se cada navio estiver em condições de navegar e com os motores em bom funcionamento. O fato é que você não poderá ter nenhuma dessas duas coisas sem a outra. Se os navios continuarem a colidir, não vão ter condições de navegação por muito tempo. Por outro lado, se os lemes de navegação estiverem quebrados, não será possível evitar as colisões. Ou, se preferir, imagine a humanidade como uma banda tocando uma música. Para obter um bom resultado, você vai precisar de duas coisas. Cada instrumento individual tocado pelo instrumentista deve estar afinado e, ao mesmo tempo, cada um também tem de entrar no tempo certo, de modo a produzir a harmonia musical.

Mas há uma coisa que ainda não levamos em conta. Ainda não perguntamos a que lugar a frota está tentando chegar e qual é a melodia que a banda está tentando tocar. Os instrumentos podem estar todos afinados e harmônicos, mas, mesmo assim, o desempenho pode não ser um sucesso se eles tiverem sido contratados para apresentar músicas dançantes e, em vez disso, estiverem tocando marchas fúnebres. E, por melhor que a frota possa ter navegado, sua viagem seria um fracasso se tivesse como destino Nova York, mas, na verdade, chegasse a Calcutá.

Então, a moralidade parece englobar três partes. Primeiro, o jogo limpo e a harmonia entre os indivíduos. Segundo, o que poderia ser chamado de pôr em ordem ou harmonizar as coisas do lado de dentro de cada indivíduo. Terceiro, o propósito geral da vida humana como um todo: a nossa razão de ser: o rumo que a frota toda deveria estar tomando: a melodia que o maestro da banda deseja tocar.

Você já deve ter notado que o homem moderno está quase sempre pensando no primeiro aspecto e esquecendo os outros dois. Quando as pessoas dizem nos jornais que estamos aspirando a padrões morais cristãos, normalmente querem dizer que estamos aspirando à gentileza e ao jogo limpo entre nações, classes e indivíduos; isto é, estão pensando apenas no primeiro aspecto. Se uma pessoa fala o seguinte sobre algum projeto que ela deseja realizar: "Isto não pode estar errado, porque não prejudica ninguém", ela só está pensando no primeiro aspecto. Ou seja, não importa o estado em que o seu navio esteja por dentro, desde que ele não colida com o navio ao lado. E é bem natural, quando passamos a pensar sobre a moralidade, começarmos pelo seu primeiro elemento, as relações sociais. Até porque os resultados da má moralidade nessa esfera são tão óbvios e nos pressionam todos os dias: guerra, pobreza, corrupção, mentiras e serviços de má qualidade. Além disso, se você se ativer somente ao primeiro aspecto, há relativamente pouca discussão com relação à moralidade. Quase todas as pessoas de todos os tempos concordaram (em tese) que os seres humanos devem ser honestos, gentis e ajudar uns aos outros; mas, embora fosse natural começar por aí, se o nosso pensamento sobre moralidade parar nesse ponto, seria o mesmo que não pensar em nada. Se não entrarmos no segundo aspecto — a ordem do lado de dentro de cada ser humano —, estaremos apenas nos enganando.

Qual é a vantagem de dizer aos navios o rumo que devem tomar para evitar colisões se, na verdade, eles não passam de banheiras velhas e enferrujadas, sem condições de navegabilidade? Qual é a vantagem de anotar no papel as regras do comportamento social se sabemos que, na verdade, nossa ambição, nossa covardia, nosso mau humor e nosso orgulho nos impedirão de mantê-las? Não quero dizer com isso, nem por um instante, que não devamos pensar, e pensar bem, sobre aprimoramentos em nosso sistema social e econômico. O que quero dizer, isso sim, é que todo esse pensamento não passará de ilusão se não nos dermos conta de que só a coragem e a generosidade dos indivíduos farão com que qualquer sistema funcione da forma adequada. É muito fácil eliminar os tipos particulares de corrupção ou opressão que prevalecem no atual sistema, mas enquanto os seres humanos forem trapaceiros e opressores, eles encontrarão alguma nova maneira de dar continuidade ao velho jogo debaixo do novo sistema. Não é possível tornar os homens bons por lei, mas sem homens bons nunca se obterá uma boa sociedade, e é por isso que temos de continuar pensando no segundo aspecto: a moralidade que está dentro do indivíduo.

Entretanto, acho que também não podemos parar por aí. Estamos chegando ao ponto agora em que diferentes crenças sobre o universo levam a comportamentos diferentes. À primeira vista, pareceria muito sensato parar antes do fim da jornada e simplesmente nos limitar àquelas partes da moralidade que são consensuais entre todas as pessoas sensatas. Mas será que estamos autorizados a fazer isso? Lembre-se de que a religião compreende uma série de declarações sobre os fatos que têm de ser necessariamente verdadeiras ou falsas. Se forem verdadeiras, então será possível inferir certo conjunto de conclusões sobre a navegação correta da frota humana; se elas forem falsas, as inferências serão bem diferentes. Por exemplo, vamos retomar o caso daquele homem que diz que uma coisa não pode ser errada desde que não prejudique nenhum outro ser humano. Ele sabe muito bem que não deve danificar os outros navios do comboio, mas pensa sinceramente que tudo que fizer com o seu próprio navio é exclusivamente da sua própria conta. Mas será que não faz toda a diferença o caso de o navio ser ou não sua propriedade pessoal? Será que não faz toda a diferença se eu sou, por assim dizer, o senhor da minha própria mente e do meu corpo, ou apenas um inquilino, que presta contas ao verdadeiro senhor? Se alguém me fez para seus próprios propósitos, então devo ter uma série de deveres que não teria se simplesmente fosse meu próprio dono.

Repito: o cristianismo afirma que todo ser humano viverá para sempre, e isso só pode ser verdadeiro ou falso. Agora, há muitas coisas que não seriam dignas de preocupação se fosse para eu viver apenas setenta anos, mas com as quais é bom eu me preocupar seriamente se tenho a perspectiva de viver eternamente. Talvez o meu mau humor ou minha inveja estejam só piorando gradativamente — tanto que o aumento em setenta anos não será muito perceptível. Mas poderia ser um absoluto inferno em um milhão de anos: na verdade, se o cristianismo for verdadeiro, o inferno é precisamente o termo técnico correto para o que isso seria. E a imortalidade faz essa outra diferença que, a propósito, tem uma relação com a diferença entre o totalitarismo e a democracia. Se os indivíduos vivem apenas setenta anos, então um Estado, ou uma nação, ou uma civilização que pode durar mil anos são mais importantes do que um indivíduo. Todavia, se o cristianismo for verdadeiro, então o indivíduo não apenas é mais importante, mas também incomparavelmente mais relevante, porque ele é perene, e a vida de um Estado ou de uma civilização, quando comparada com a dele, não passa de um sopro.

Parece, então, que, se formos pensar sobre moralidade, temos de pensar em todas as três partes: as relações entre os homens; os fatores interiores de cada pessoa; e as relações entre o homem e o poder que o criou. Podemos todos cooperar no primeiro aspecto, mas as discórdias começam no segundo e se tornam ainda mais sérias no terceiro. É lidando com o terceiro aspecto que as principais diferenças entre a moralidade cristã e a não cristã se revelam. No restante deste livro, vou assumir o ponto de vista cristão, e abordarei o cenário todo numa perspectiva de como ele se configura se o cristianismo for verdadeiro.

CAPÍTULO 2

As "virtudes cardeais"

A seção anterior foi originalmente composta para ser transmitida na forma de uma breve palestra pelo rádio.

Quando você só está autorizado a falar por dez minutos, quase tudo tem de ser sacrificado em prol da brevidade. Um dos motivos principais para dividir a moralidade em três partes (juntamente com minha imagem dos navios em comboio) foi que essa me parecia a forma mais breve de dizer o que tinha de ser dito. Gostaria de apresentar agora outra maneira pela qual a ideia de moralidade foi dividida por autores antigos, e que, embora fosse longa demais para eu usar no meu discurso anterior, é excelente.

De acordo com esse esquema mais longo, há sete "virtudes". Quatro delas são chamadas virtudes "cardeais", e as outras três são as "teologais". As "cardeais" são aquelas que todas as pessoas civilizadas reconhecem, ao passo que as "teologais" são aquelas que, em geral, somente os cristãos conhecem. Vou tratar das teologais mais adiante; neste momento, falarei das quatro virtudes cardeais. (A palavra *cardeal* não tem nada a ver com os cardeais da

Igreja Católica. Ela vem da palavra latina que significa "dobradiça da porta". Essas virtudes foram chamadas de "cardeais" porque eram, por assim dizer, "cruciais".) São elas: Prudência, Temperança, Justiça e Fortaleza.

A prudência significa o bom e prático bom senso, dar-se ao trabalho de pensar antes de agir e refletir sobre as prováveis consequências de nossas ações. Hoje em dia, a maioria das pessoas quase nunca pensa na prudência como uma "virtude". Na verdade, pelo fato de Cristo ter dito que só podemos entrar no mundo dele sendo como crianças, muitos cristãos têm a ideia de que você pode até ser um tolo, contanto que seja "bonzinho". Mas isso é um equívoco. Em primeiro lugar, a maioria das crianças mostra bastante "prudência" quanto a fazer as coisas que são realmente do seu interesse e conseguem pensar nelas de maneira bastante razoável. Em segundo lugar, como bem destaca o apóstolo Paulo, nunca foi a intenção de Cristo que permanecêssemos crianças na *inteligência*; pelo contrário: além de nos ter dito para sermos "sem malícia como as pombas", devemos também ser "astutos como as serpentes". Ele deseja um coração de criança, mas com intelecto de adulto. Ele quer que sejamos simples, sinceros, afetuosos e capazes de aprender, como é o caso das boas crianças; mas também quer cada partícula de inteligência que tivermos para estarmos alertas em sua obra e bem treinados para a batalha. O fato de você estar doando dinheiro para obras de caridade não significa dispensar descobrir se essa instituição é ou não fraudulenta. O fato de você estar pensando sobre o próprio Deus (por exemplo, quando está orando) não significa que pode se contentar com algumas ideias infantis que você tinha aos cinco anos de idade. Certamente, é bem verdade que Deus não diminuirá o amor que dedica a você nem deixará de usá-lo se por acaso você tiver nascido com um intelecto limitado. Ele tem espaço para pessoas dotadas de pouco senso, todavia, ele deseja que todos empreguem o senso que tiverem. O lema adequado não é: "Seja boa, queridinha, e deixe a inteligência para os espertos", mas sim: "Seja boa, queridinha, e não se esqueça de que isso significa ser o mais inteligente possível". Deus não se agrada nem mais nem menos dos preguiçosos mentais que de qualquer outro tipo de preguiçoso. Se você está considerando a possibilidade de se tornar cristão, devo alertá-lo para o fato de que está embarcando em algo que vai exigir você por inteiro, inclusive seu intelecto. Mas, felizmente, as coisas funcionam de modo contrário, isto é, qualquer um que esteja tentando honestamente se tornar um cristão vai perceber logo que a sua inteligência está sendo aguçada, e um dos motivos por que se tornar cristão não requer nenhuma educação especial é que este tornar-se já é um tipo de educação. E é por esse motivo que um cristão sem formação escolar como Bunyan teve condições de escrever um livro que impressionou o mundo todo.

Temperança é, infelizmente, uma daquelas palavras que teve o seu sentido alterado. Atualmente, o termo também tem o significado de abstinência de bebidas alcoólicas, mas, na época em que a segunda virtude cardeal foi batizada de "temperança", ela não significava nada disso.

A temperança não se referia especialmente à bebida, mas a todos os prazeres; e não queria dizer abstinência, mas sim usar de moderação, na medida certa, sem ultrapassá-la. É um equívoco acreditar que todos os cristãos devem ser abstêmios; é o islamismo, não o cristianismo, a religião que proíbe bebidas alcoólicas. É bem possível que seja dever de um cristão em particular, ou de todo cristão em determinadas ocasiões, abster-se de bebida forte, seja porque ele é o tipo de pessoa que não consegue beber sem passar do limite, seja porque ele está acompanhado de pessoas que têm tendência ao alcoolismo e não quer encorajá-las bebendo junto com elas. Mas o ponto em questão é que, por um bom motivo, ele se absterá de algo que não condena totalmente e até gosta de ver os outros apreciando.

Uma das marcas do mau-caráter é que ele não consegue abster-se de nada sem forçar todos ao seu redor a também abrirem mão daquilo, mas esse não é o modo cristão de ser. Um cristão pode se ver pronto para abrir mão de qualquer coisa por razões especiais — casamento, carne, cerveja ou cinema —, mas, no momento em que começa a dizer que essas coisas são ruins ou esnoba outras pessoas que as praticam, terá perdido o rumo.

O fato de a modernidade restringir a palavra *temperança* à questão da bebida trouxe um grande mal, uma vez que faz com que as pessoas se esqueçam de que também é possível ser intemperante com muitas outras coisas. Seja alguém que faz do golfe ou da motocicleta que possui o centro de sua vida, ou a mulher que devota seus pensamentos às roupas, ao jogo ou ao seu cachorro, essa pessoa está sendo tão "intemperante" quanto aquela que se embriaga todas as noites. É claro que isso não é tão facilmente perceptível, visto que o vício no jogo ou no esporte não faz você cair e ficar largado no meio da rua. Mas Deus não se deixa levar pela aparência.

Justiça significa muito mais do que o tipo de coisa que acontece nos tribunais. Trata-se do velho nome para tudo que devemos agora chamar de "jogo limpo", e isso inclui honestidade, reciprocidade, veracidade, cumprimento de promessas e todo esse lado da vida.

A fortaleza, por sua vez, inclui ambos os tipos de coragem — aquela que nos leva a encarar o perigo como a do tipo que nos faz suportar a dor até o fim. *Guts* ["coragem", "bravura"] talvez seja a palavra no inglês moderno que mais se aproxime disso. Você vai notar, é claro, que não pode praticar nenhuma das demais virtudes por muito tempo sem ter de recorrer a essa.

Há mais um ponto sobre as virtudes que devemos ressaltar. Existe uma diferença entre praticar uma ação particularmente justa ou temperante e ser uma pessoa justa e temperante. Um jogador de tênis mediano pode fazer uma boa jogada de vez em quando, mas você só considera como bom tenista uma pessoa cujos olhos, músculos e nervos foram tão bem treinados que agora é possível confiar neles, pois estes possuem certo tônus ou qualidade que está presente mesmo quando essa pessoa não está jogando, da mesma forma que a mente do matemático manifesta certo hábito e visão que podem ser notados mesmo quando ele não está fazendo cálculos. Da mesma forma, uma pessoa que persevera em praticar ações justas no final obterá essa qualidade de caráter. Neste momento, é a essa qualidade, e não às ações particulares, que nos referimos quando falamos de "virtude".

Essa distinção é importante pela seguinte razão: se pensássemos apenas nas ações particulares, poderíamos estar promovendo três ideias erradas:

1. Poderíamos acreditar que, desde que se faça a coisa certa, não faz diferença como ou por que a fizemos — se você a fez de propósito ou sem querer, de forma emburrada ou alegremente, com medo da opinião pública ou por sua conta e risco. Mas a verdade é que agir corretamente por motivos errados não o ajudará a construir a qualidade interna ou o caráter chamado de "virtude", e é essa qualidade ou caráter que realmente importa. (Se um péssimo jogador de tênis bate na bola com muita força, não porque ele vê que é necessário usar mais ou menos força, mas porque perdeu a cabeça, se tiver sorte, o lance pode até ajudá-lo a ganhar um jogo em particular, mas não vai ajudá-lo a se tornar um jogador confiável.)
2. Poderíamos acreditar que Deus requer simplesmente a obediência a um conjunto de regras, quando o que ele realmente deseja são pessoas com qualidades singulares em seu interior.
3. Podemos achar que as "virtudes" são necessárias apenas para a vida presente — que na vindoura poderíamos deixar de ser justos, uma vez que não há motivos para discórdias, e deixar de ser corajosos, porque já não haverá mais nenhum perigo. Mas é bem verdade que

provavelmente não vai haver ocasião para ações corajosas no mundo vindouro, mas haverá toda ocasião para ser o tipo de pessoa que só podemos nos tornar praticando tais atos no presente. A questão não é que Deus vá impedir seu ingresso na eternidade se você não demonstrar certos traços de caráter; a questão é que, se as pessoas não possuírem pelo menos uma noção dessas qualidades dentro delas, então não haverá condições externas capazes de produzir um "Céu" para elas — isto é, não haverá condições que possam fazê-las felizes com o tipo de felicidade intensa, forte e inabalável que Deus deseja para nós.

CAPÍTULO 3

Moralidade social

O passo inicial para uma visão clara do exercício da moralidade cristã entre os homens é reconhecer que, nesse departamento, Cristo não veio para pregar nenhuma novidade do ponto de vista moral. A Regra de Ouro do Novo Testamento — *Faça com os outros o que gostaria que fizessem com você* — é o resumo do que todas as pessoas no fundo sempre souberam ser o certo. Os grandes mestres da moral nunca introduzem morais novas — são os charlatões que fazem isso. Como o Dr. Johnson[1] disse certa vez: "Bem mais frequentemente, as pessoas precisam ser relembradas que instruídas." A verdadeira missão de todo mestre de moral é insistir em nos trazer de volta, de tempos em tempos, para os bons e velhos princípios que todos nós desejamos muito perder de vista; é como conduzir um cavalo sempre de volta à cerca que ele se recusou a pular,

---

[1] Samuel Johnson (1709–1784), notável escritor, moralista e pensador inglês, contribuiu em diversas áreas para a literatura inglesa e teve grande impacto na vida de Lewis. [N. E.]

ou trazer a criança sempre de volta à parte da lição da qual ela desejava fugir.

O segundo ponto que precisa ficar claro é que o cristianismo não tem, e não professa ter, um programa político detalhado para aplicar o *Faça com os outros o que gostaria que fizessem com você* a uma sociedade específica em um momento particular. Nem poderia ter. Ele vale para todos os seres humanos de todos os tempos, e o programa específico que se adequasse a um lugar e tempo não se adequaria a outro. Além do mais, não é assim que o cristianismo funciona. Quando ele ordena que se alimentem os que passam fome, não ensina culinária, e, quando manda que se leiam as Escrituras, não dá aulas de grego e hebraico, tampouco de gramática. O cristianismo nunca teve a intenção de substituir ou suplantar as artes e as ciências humanas comuns; antes, assume a função de um diretor, que atribui a tarefa certa a cada um, e de uma fonte de energia que oferece vida nova a cada um, desde que este se coloque à sua disposição.

As pessoas dizem que é "a Igreja que deve assumir a liderança", mas isso só será verdade se for encarado da maneira certa; do contrário, não será verdade. Por Igreja, talvez queiram dizer todo o corpo de cristãos praticantes, e, quando dizem que a Igreja deve nos dar o norte, talvez queiram dizer que alguns cristãos — aqueles que por acaso têm os talentos certos para isso — devem se tornar economistas e estadistas, o que significa que todos os economistas e estadistas devem ser cristãos e que todo o seu esforço na política e na economia deve ser direcionado para colocar em prática o *Faça com os outros o que gostaria que fizessem com você*. Se isso ocorresse, e se estivéssemos realmente dispostos a assumir isso, então deveríamos achar a solução cristã para nossos problemas sociais num piscar de olhos. Mas é claro que, quando as pessoas pedem à Igreja que lhes dê um norte, a maioria delas quer dizer que deseja que o clero estabeleça um programa político, o que seria patético. Os clérigos são aquelas pessoas especiais dentro da Igreja que foram treinadas e separadas para cuidar do que nos diz respeito enquanto criaturas que viverão eternamente; contudo, estamos pedindo que eles façam um trabalho bem diferente para o qual não foram treinados. Na verdade, esse papel é nosso, dos leigos. A aplicação dos princípios cristãos, digamos, ao sindicalismo ou à educação, deve vir dos sindicalistas e educadores cristãos, da mesma maneira que a literatura cristã vem de romancistas e dramaturgos cristãos — e não da bancada de bispos que se juntam para tentar escrever peças e romances nas horas vagas.

Da mesma forma, o Novo Testamento nos dá um indício bastante claro, sem entrar em detalhes, de como seria uma sociedade inteiramente cristã. Talvez ele nos dê mais do que possamos suportar. Ele nos diz que não devem existir passageiros clandestinos ou parasitas: se uma pessoa não trabalhar, não deve comer. Todos devem trabalhar com as próprias mãos e, o que é mais importante, o trabalho de todos deve produzir algo bom, isto é, não deve gerar produtos de luxo tolos e, em seguida, propagandas ainda mais tolas para nos persuadir a comprar tais produtos. Tampouco deve haver lugar para "ostentação" ou "pretensiosidade", nada de nariz empinado. Até aí, uma sociedade cristã seria o que atualmente se denomina "de esquerda". Por outro lado, o Novo Testamento estará sempre insistindo na obediência — a obediência (e marcas externas de respeito) de todos nós a magistrados nomeados de forma apropriada, das crianças aos pais e (temo que isso não será nada popular) de esposas aos maridos. Acrescente-se a isso o fato de que a sociedade deve ser alegre; uma comunidade cheia de cantoria e regozijo, e que encara a preocupação e a ansiedade como um erro. A cordialidade é uma das virtudes cristãs, e o Novo Testamento abomina o que chama de pessoas "intrometidas".

Se houvesse tal sociedade e fôssemos visitá-la, penso que voltaríamos com uma impressão curiosa. Sentiríamos que a vida econômica lá é bem socialista e, nesse sentido, "avançada", mas que, para compensar, sua vida familiar e seu código de comportamento parecem bem à moda antiga — quem sabe até a veríamos como uma sociedade cerimoniosa e aristocrática. Todos nós apreciaríamos partes dela, mas temo que bem poucos a apreciaríamos por inteiro. É exatamente isso que se esperaria se o cristianismo fosse o plano completo para a máquina humana. Todos nós nos afastamos desse plano completo de diferentes maneiras, e cada um de nós deseja substituir o plano original por seu próprio plano. Você vai deparar com isso diversas vezes com relação a qualquer coisa que seja realmente cristã: cada um é atraído por uma parte e deseja extrair só este aspecto, abandonando o resto. Eis por que nunca avançamos muito; e eis por que pessoas que estão lutando por coisas bastante opostas podem ambas dizer que estão lutando pelo cristianismo.

Passemos agora a outra questão. Há um conselho que nos foi legado pelos gregos pagãos da Antiguidade, pelos judeus do Antigo Testamento e pelos mestres cristãos da Idade Média, mas que foi inteiramente desprezado pelo sistema econômico moderno. Todos eles nos disseram para não emprestarmos dinheiro a juros; e emprestar dinheiro a juros — o que chamamos de investimento — é a base de todo o nosso sistema. Mas pode ser que isso não implique que estejamos errados. Alguns dizem que, quando Moisés, Aristóteles e os cristãos concordaram em proibir os juros (ou, como eles chamavam, a "usura"), eles não poderiam prever as Sociedades Anônimas, e que eles estavam pensando apenas naquele que empresta dinheiro de forma privada; portanto, não precisaríamos nos preocupar com o que eles disseram. Não me cabe responder a essa questão. Não sou economista e simplesmente não sei se o sistema de investimentos é responsável pelo estado em que estamos, e é aqui que um economista cristão vem bem a calhar. Mas eu não seria muito honesto se omitisse o fato de que três grandes civilizações concordaram (ou assim parece à primeira vista) em condenar precisamente aquilo em que baseamos toda a nossa vida.

Mais um ponto e encerro. Na passagem em que o Novo Testamento diz que todos devem trabalhar, a justificativa é "para ter algo a dar aos necessitados". Caridade — dar aos pobres — é uma parte essencial da moralidade cristã: na parábola amedrontadora das ovelhas e dos bodes, esse parece ser o ponto-chave em que tudo mais está baseado. Certas pessoas têm dito que a caridade deveria ser desnecessária e que, em vez de doar aos pobres, deveríamos estar trabalhando por uma sociedade em que não houvesse pobres a quem doar. De certa maneira, elas podem até estar certas em dizer que devemos produzir esse tipo de sociedade, mas, se alguém pensa que, nesse meio-tempo, pode parar de fazer doações, rompe, assim, com toda a moralidade cristã. Não creio que devemos definir o quanto se deve dar. Temo que a única regra segura seja dar mais do que nos sobra. Em outras palavras, se o nosso gasto com conforto, luxos, diversões etc. estiver no mesmo patamar do daqueles que têm o mesmo ganho que nós, provavelmente estamos doando bem pouco. Se nossa caridade não nos pesar ao menos um pouco, então diria que está pequena demais. Deveria haver coisas que desejaríamos fazer e não podemos porque nosso gasto com a caridade as impossibilita. Por enquanto, estou falando de "caridade" no sentido comum da palavra. Casos particulares de necessidades entre os próprios parentes, amigos, vizinhos ou funcionários dos quais Deus, por assim dizer, nos força a tomar conhecimento, poderão demandar muito mais, ao ponto de enfraquecer ou pôr em risco nossa própria situação. Para muitos de nós, o grande obstáculo à caridade não está em nosso estilo de vida luxuoso ou em desejar mais dinheiro, mas sim em nosso medo — medo da insegurança. Saiba que isso quase sempre é uma tentação. Às vezes é o nosso orgulho que impede nossa caridade, uma vez que somos tentados a gastar mais do que devemos em formas demonstrativas de generosidade (gorjetas, hospitalidade) e menos do que devemos com aqueles que realmente necessitam de nossa ajuda.

E agora, antes de encerrar, vou me arriscar a levantar uma suspeita de como esta parte do livro pode ter afetado os leitores. Suspeito que os de esquerda estejam furiosos por eu não ter me aprofundado nessa direção e que outras pessoas de orientação oposta estejam furiosas por eu ter ido longe demais. Se assim for, isso traz à tona o verdadeiro empecilho para a concepção de um projeto de sociedade cristã. A maioria de nós não examina o cristianismo a fundo para descobrir o que ele realmente diz: nós o abordamos na esperança de encontrar nele apoio para as nossas próprias perspectivas partidárias. Estamos mesmo à procura de um aliado onde, na verdade, nos é oferecido um Mestre ou um Juiz. Eu também sou assim. Há trechos desta seção que eu gostaria muito de deixar de fora, e esse é o motivo pelo qual tais conversas não resultarão em nada a menos que percorramos um caminho bem mais longo. Uma sociedade cristã não despontará enquanto a maioria de nós não a desejar realmente, e não vamos desejá-la enquanto não nos tornarmos cristãos de verdade. Eu poderia ficar repetindo a frase: *Faça com os outros o que gostaria que fizessem com você* até cansar, mas só poderei aprender a amar o meu próximo como a mim mesmo se aprender a amar a Deus; e só poderei amar a Deus se aprender a obedecer-lhe. E assim, como eu já o havia alertado, somos conduzidos a níveis mais profundos — levados de questões sociais para questões religiosas —, pois devagar se vai ao longe.

CAPÍTULO 4

Moralidade e psicanálise

Eu disse que só teremos uma sociedade cristã quando a maioria das pessoas professar o cristianismo, mas é claro que isso não significa que podemos adiar nosso empenho pela sociedade até esse dia imaginário no futuro longínquo. Significa, na verdade, que devemos executar duas tarefas imediatamente — (1) tentar ver como a regra *Faça com os outros o que gostaria que fizessem com você* se aplica em detalhes à sociedade moderna e (2) nos tornarmos o tipo de pessoa que realmente aplicaria essa regra se soubéssemos como fazê-lo. Gostaria de começar agora a tecer considerações sobre qual é a ideia cristã de homem bom — a especificação cristã para a máquina humana.

Antes de eu entrar em detalhes, há dois pontos mais gerais que gostaria de ressaltar. Primeiro, já que a moralidade cristã reivindica ser uma técnica para colocar a máquina humana em ordem, acho que você gostaria de saber como ela se relaciona com a outra prática que parece fazer uma reivindicação semelhante — a psicanálise.

Neste momento, é preciso estabelecer uma distinção muito clara entre a técnica e as teorias médicas reais dos psicanalistas e a visão filosófica geral do mundo que Freud e alguns outros pensadores acrescentaram a ela. Esta última — a filosofia de Freud — é diretamente contraditória à de outro grande psicanalista, Jung. Além do mais, quando Freud fala sobre como curar neuroses, está falando como um especialista em sua própria matéria, mas, quando tenta abordar a filosofia geral, fala como um amador. Por isso, o mais sensato é dar atenção a ele em um caso e não no outro — e é isso que eu faço. Estou mais bem preparado para fazer isso porque descobri que, quando Freud discorre sobre assuntos que não são sua especialidade, e dos quais por acaso eu entendo bem (como é o caso do assunto "linguagem"), ele é bastante ignorante. Mas a psicanálise em si, tirando todos os acréscimos filosóficos que Freud e outros deram a ela, não é nem um pouco contraditória ao cristianismo. A prática da psicanálise se sobrepõe à moralidade cristã em alguns pontos, e não seria má ideia se todas as pessoas soubessem alguma coisa a esse respeito; todavia, elas não seguem o mesmo rumo o tempo todo, pois as duas práticas alcançam resultados bastante diferentes.

Quando uma pessoa toma uma decisão moral, há duas coisas envolvidas. Uma delas é a tomada de decisão; a outra, os diversos sentimentos, impulsos etc. que constituem seu estilo psicológico e que são a matéria-prima de suas escolhas. Mas essa matéria-prima pode ser de dois tipos: ela pode ser o que chamamos de normal, podendo consistir no tipo de sentimentos comuns a todas as pessoas, ou, então, pode consistir em sentimentos bem pouco naturais decorrentes de distúrbios presentes em seu subconsciente. Assim, o medo de coisas que são realmente perigosas seria um exemplo do primeiro tipo, ao passo que um pavor irracional a gatos ou a aranhas seria um exemplo do segundo tipo. O desejo de um homem por uma mulher seria do primeiro tipo, já o desejo pervertido de um homem por outro seria do segundo. Então, o que os psicanalistas se propõem a fazer é eliminar os sentimentos anormais, isto é, dar ao homem uma matéria-prima melhor para as suas escolhas; a moralidade se ocupa da própria tomada de decisão.

Vamos colocá-lo nos seguintes termos. Imagine três homens que vão à guerra. Um tem o sentimento natural de medo perante o perigo que todo ser humano sente, e ele o vence por um esforço moral, tornando-se um homem corajoso. Vamos supor que os outros dois tenham medos exagerados, irracionais, que nenhum esforço moral é capaz de vencer em consequência do conteúdo de seu subconsciente. Suponha agora que um psicanalista apareça e cure esses dois, isto é, coloque os dois de volta na situação original do primeiro homem. Bem, neste momento, o problema psicanalítico terá terminado, mas o problema moral começa, porque, agora que estão curados, esses dois homens podem tomar rumos bem diferentes. O primeiro poderá dizer: "Graças a Deus me livrei daquelas bobagens. Enfim poderei fazer o que sempre quis fazer — servir ao meu país". Mas o outro poderá dizer: "Bem, estou feliz por me sentir relativamente tranquilo diante do perigo, mas isso não muda o fato de que esteja, como sempre, determinado a pensar primeiro em mim e, sempre que puder, a deixar os outros camaradas fazerem o trabalho arriscado por mim. Aliás, uma das coisas boas quando eu me sinto menos amedrontado é que agora eu posso cuidar de mim mesmo com muito mais eficiência e ser mais esperto para esconder esse fato dos outros". Essa diferença é puramente moral, e os psicanalistas não podem fazer nada para mudá-la. Por mais que você aperfeiçoe a matéria-prima do homem, continuará deparando com outra coisa: o livre-arbítrio real do ser humano frente à situação que lhe foi apresentada, seja para colocar a sua própria vantagem em primeiro lugar, seja para colocá-la em último. E esse livre-arbítrio é a única coisa com a qual a moral se ocupa.

O mau estado do material psicológico não é um pecado, mas sim uma doença. Não é motivo para arrependimento, mas para cura. E, a propósito, isso é muito importante. Os seres humanos julgam uns aos outros por suas ações externas, mas Deus os julga pelas suas escolhas morais. Quando um neurótico que tem horror patológico a gatos se força a pegar um gato no colo por algum bom motivo, é bem possível que, aos olhos de Deus, ele tenha demonstrado mais coragem que um homem saudável poderia ter mostrado ao conquistar o *Victoria Cross*.[1] Se uma pessoa que tenha sido pervertida desde a infância e ensinada que a crueldade é a coisa certa praticar um ato de bondade — por menor que seja, e se abstiver de cometer alguma crueldade em potencial, e, com isso, quem sabe, correr o risco de se tornar motivo de chacota entre companheiros —, é possível que, aos olhos de Deus, ela esteja fazendo mais do que eu e você estaríamos fazendo se déssemos a vida por um amigo.

---

[1] Medalha de bravura do exército britânico. [N. T.]

O inverso é igualmente verdadeiro. Alguns de nós que parecemos bastante gentis podem, na verdade, ter dado tão pouco valor a uma boa hereditariedade e uma boa criação que acabam sendo piores do que aqueles a quem chamamos de monstros. Será que podemos ter certeza sobre como seria nosso comportamento se tivéssemos herdado um arcabouço psicológico sobrecarregado, uma má criação e, ainda por cima, tivéssemos ascendido ao poder como foi o caso, por exemplo, de Himmler?[2] Por isso os cristãos são instruídos a não julgar. Só vemos os resultados daquilo que as escolhas humanas fazem com a sua matéria-prima, mas Deus não julga um indivíduo pela sua matéria-prima bruta, e sim pelo que este fez com ela. A maior parte do arcabouço psicológico provavelmente se deve ao seu corpo: quando o corpo morre, tudo isso cai por terra, e o verdadeiro homem interior, que toma as decisões, que tirou o melhor ou o pior proveito do seu material, ficará desnudo. Todo tipo de coisas boas que pensamos serem nossas, mas que na verdade se davam em virtude de um bom metabolismo, vão cair por terra para alguns de nós; assim também toda a perversidade que se dava em decorrência de complexos ou de má saúde cairá por terra para outros. E então, pela primeira vez, veremos uns aos outros como realmente somos. Pode esperar surpresas.

E essa afirmação me conduz ao segundo ponto. As pessoas muitas vezes pensam que a moralidade cristã é uma

---

[2] Heirich Himmler (1900-1945) foi líder da Gestapo, ministro do Interior no governo de Hitler e incumbido do genocídio de judeus. [N. T.]

espécie de barganha em que Deus diz: "Se você mantiver um monte de regras, vou recompensá-lo, e ai de você se não o fizer." Não acho que essa seja a melhor forma de encará-la. Em vez disso, eu diria que, toda vez que você faz uma escolha, está transformando sua parte central, seu eu interior, a parte que toma as decisões, em algo um pouco diferente do que era anteriormente. E, tomando sua vida como um todo, com todas as suas inúmeras escolhas, você estará, ao longo de toda a vida, transformando esse eu interior numa criatura celeste ou numa criatura infernal; ou seja, em uma criatura que está em harmonia com Deus, com as outras criaturas e consigo mesma, ou em uma que está em estado de guerra e ódio com Deus, com as demais criaturas e consigo mesma. Ser um tipo de criatura é o paraíso, ou seja, é alegria e paz, conhecimento e poder. Ser o outro tipo significa loucura, horror, idiotice, furor, impotência e solidão eterna. Cada um de nós está progredindo, a todo instante, em direção a um estado ou outro.

Isso explica o que sempre costumava me intrigar sobre os escritores cristãos; eles parecem ser tão rígidos numa hora e tão livres e leves em outra. Falam de meros pecados do pensamento como se fossem tremendamente graves; em seguida, sobre os assassinatos e traições mais chocantes como bastasse só se arrepender e tudo estaria perdoado. Mas cheguei à conclusão de que eles estão certos. O que estão visualizando sempre é a marca que a ação deixa na parte minúscula e central do nosso eu que ninguém consegue ver nesta vida, mas que todos nós teremos de suportar — ou do qual teremos de desfrutar — para sempre. Uma pessoa poderá estar numa posição tal que o seu ódio a faça derramar o sangue de milhares, e outra, de tal forma que, por mais raiva que sinta, não fará nada além de provocar o riso nos outros. Mas a marquinha impressa na alma poderá ser idêntica em ambas. Cada pessoa pode ter feito algo consigo de que, se não se arrepender, tornará mais difícil para ela eximir-se do ódio da próxima vez que for tentada, e fará com que o ódio fique pior toda vez que ela cair. Cada uma delas, se voltar-se seriamente para Deus, poderá ter aquela distorção no seu eu interior endireitado: cada uma que não o fizer será condenada. Entretanto, vale ressaltar que não é a grandeza ou miudeza do ato em si, visto de fora, que realmente importa.

Um último ponto. Lembre-se de que, como eu disse, a direção certa leva não apenas à paz, mas também ao conhecimento. Quando uma pessoa aprimora seu caráter, ela compreende o mal que resta dentro dela com clareza cada vez maior. Por outro lado, quando piora, percebe cada vez menos sua própria maldade. Uma pessoa moderadamente má sabe que não é muito boa; já uma pessoa inteiramente má acha que está tudo bem. Na verdade, isso é senso comum. Podemos entender o sono quando estamos acordados, não enquanto estivermos dormindo. Podemos perceber erros de aritmética quando a mente estiver raciocinando certo, não enquanto estivermos fazendo errado as contas. Podemos entender a natureza da embriaguez quando estamos sóbrios, não quando estamos embriagados. Pessoas boas conhecem o bem e o mal; pessoas más não fazem ideia de nenhuma das duas coisas.

CAPÍTULO 5

Moralidade sexual

Vamos considerar agora a moralidade cristã no que diz respeito ao sexo, o que os cristãos chamam de castidade. A regra cristã da castidade não deve ser confundida com a regra social da "dignidade" (em um dos sentidos da palavra), isto é, de pudor ou decência. A regra social do pudor estabelece quanto do corpo humano pode ser exposto, quais assuntos podem ser tratados e como usar as palavras de acordo com os costumes de um dado círculo social. Assim, enquanto a regra da castidade é a mesma para todos os cristãos de todos os tempos, a regra do pudor muda. Uma garota das ilhas do Pacífico que quase não usa roupas e uma dama da era vitoriana completamente vestida podem ser igualmente "dignas", pudicas ou decentes de acordo com os padrões da sociedade em que vivem; e ambas, a julgar pela sua forma de se vestir, podem ser igualmente castas (ou igualmente incastas). A linguagem empregada pelas mulheres castas dos tempos de Shakespeare só seria permissível no século XIX a uma mulher completamente libertina. Quando as pessoas quebram a regra do pudor em sua própria época e localidade para excitar o desejo sexual presente em si mesmas ou nos outros, então estarão infringindo a regra da castidade. Mas, se o fazem pela ignorância ou pela falta de cuidado, serão culpadas apenas de mau comportamento. Quando, como acontece muitas vezes, elas quebram tais regras de forma contestadora para chocar ou constranger os demais, não estão sendo necessariamente obscenas, mas falta-lhes o espírito de generosidade, pois quem age assim tem prazer em fazer os outros se sentirem constrangidos. Não acredito que um padrão de pudor muito rígido ou meticuloso seja uma prova de castidade, muito menos que seja útil para promovê-la, e, portanto, considero a grande emancipação e a simplificação dessa regra que se deu em minha época como algo positivo. Hoje em dia, entretanto, isso traz o inconveniente de fazer com que pessoas de diferentes épocas e diferentes estilos não reconheçam o mesmo padrão, por isso é difícil saber qual é a real situação em que nos encontramos.

Enquanto essa dúvida permanecer no ar, penso que as pessoas mais velhas, ou mais conservadoras, devem ter muito cuidado em julgar os jovens ou os indivíduos "emancipados" como corrompidos sempre que estiverem sendo libertinos (de acordo com o padrão antigo). Já os mais jovens, por sua vez, não devem considerar os idosos falsos moralistas ou puritanos só porque não se adaptam ao novo padrão com facilidade. O desejo sincero de sempre pensar o melhor dos outros e deixá-los o mais à vontade possível resolverá a maior parte dos problemas.

A castidade é a virtude cristã mais impopular, mas não há como escapar dela; a regra cristã é: "Ou o casamento, com fidelidade completa ao parceiro, ou a total abstinência". Mas isso é tão difícil e contrário aos nossos instintos que, obviamente, ou o cristianismo está errado, ou nosso instinto sexual como se manifesta hoje se corrompeu. Uma coisa ou outra. É claro que, sendo cristão, tenho de supor que foi o instinto que se corrompeu.

Mas tenho outros motivos para pensar assim. O propósito biológico do sexo são os filhos, da mesma forma que o propósito biológico de comer é alimentar o corpo. Contudo, se comemos todas as vezes em que nos sentirmos propensos a isso e o quanto quisermos, é bem verdade que a maioria de nós acabará comendo demais; mas não extraordinariamente mais. Uma pessoa pode comer por duas, mas não por dez. O apetite pode ir um pouco além do seu propósito biológico, mas não de forma excessiva. Se um jovem sadio se entregasse ao seu apetite sexual sempre que se sentisse propenso a isso, e se cada ato gerasse um bebê, então em dez anos ele poderia facilmente povoar um pequeno vilarejo, uma vez que tal disposição excederia seu limite de forma ridícula e estapafúrdia.

Vamos explicar o assunto a partir de outra analogia. É possível reunir uma grande plateia para assistir a um *strip-tease* — isto é, para ver uma mulher despir-se no palco. Mas suponha que você chegue a um país em que fosse possível lotar um teatro, por exemplo, na apresentação de um prato coberto no palco, cuja tampa fosse levantada lentamente, e que todos vissem, pouco antes do apagar das luzes, que no prato havia um belo filé ou uma fatia de bacon; será que você não acharia que naquele país algo deu errado no que se refere ao apetite por comida? Do mesmo modo, uma pessoa que tenha sido criada em outro ambiente não pensaria o mesmo sobre o estado do instinto sexual entre nós?

Certo crítico disse que, se encontrasse um país em que espetáculos de *strip-tease* com pratos de comida fossem populares, ele concluiria que as pessoas desse país estariam passando fome. O que ele quis dizer com isso, obviamente, é que espetáculos normais de *strip-tease* não resultaram da corrupção sexual, e sim da abstinência sexual. Concordo com ele que se, em algum país estranho, descobríssemos que atos deste tipo com uma fatia de bacon fossem populares, uma das explicações possíveis que me ocorreriam seria a fome. Mas o próximo passo seria testar nossa hipótese, tentando descobrir, de fato, quanto alimento estava sendo consumido naquele país. Se a evidência mostrasse que uma boa quantidade de alimento fosse comida, então, é claro, teríamos de abandonar a hipótese da fome e tentar criar outra. Da mesma forma, antes de aceitarmos a abstinência sexual como a causa do *strip-tease*, precisamos descobrir evidências de que existe, de fato, mais abstinência sexual na nossa época do que naqueles tempos em que o *strip-tease* era desconhecido. Mas é claro que não há tal evidência. Os contraceptivos tornaram a gratificação sexual muito menos custosa dentro do casamento e muito mais segura fora dele do que jamais antes, e a opinião pública é menos hostil a uniões ilícitas e a perversões do que tem sido desde os tempos do paganismo. Tampouco a hipótese da "fome" é a única que podemos imaginar. Todos sabem que o apetite sexual, da mesma forma que nossos demais apetites, cresce à medida que nos entregamos a ele. Pessoas que estão passando fome podem pensar muito em comida, mas o mesmo vale para os glutões. Tanto as pessoas saciadas quanto as famintas gostam de estímulos novos.

Aqui vai um terceiro ponto. Há bem poucas pessoas que querem comer coisas que não sejam comida de verdade e fazer coisas com a comida em vez de comê-la. Em outras palavras, as perversões do apetite por comida são raras, mas as perversões quanto ao instinto sexual são inúmeras, difíceis de curar e tenebrosas. Lamento ter de entrar em todos esses detalhes, mas é preciso. A razão para isso é que você e eu fomos alimentados cotidianamente, pelos últimos vinte anos, com mentiras consolidadas sobre o sexo. Tivemos de ouvir até cansar que o desejo sexual não difere de nenhum outro desejo natural e que, se ao menos abandonarmos a tola e velha ideia vitoriana de abafar o assunto, tudo neste jardim será maravilhoso, mas isso não é verdade. No momento em que examinamos os fatos e nos distanciamos da propaganda, vemos que a coisa não é assim.

Dizem que o sexo se tornou um problema grave porque o assunto foi considerado tabu, mas nos últimos vinte anos isso deixou de ser verdade. Falou-se sobre ele o tempo todo, entretanto, o caos continua imperando. Se o silêncio fosse a causa do problema, discutir o assunto seria a solução; mas não foi o que aconteceu. Penso que o que acontece é o contrário. Acredito que a humanidade o tenha abafado originalmente porque ele já tinha se tornado um problema. Os modernos estão sempre falando que "o sexo não é algo de que se deva ter vergonha", e eles podem estar querendo dizer duas coisas: "Não há motivos para se envergonhar do fato de que a humanidade se reproduz dessa forma nem do fato de que isso proporciona prazer". Se eles querem dizer isso, estão certos. É isso mesmo que o cristianismo diz. O problema não é o ato em si nem o prazer. Os velhos mestres cristãos diziam que, se o homem nunca tivesse caído, o prazer sexual não seria menor do que é agora; na verdade seria maior. Sei que alguns cristãos meio confusos falam como se o cristianismo achasse que o sexo, o corpo ou o prazer são coisas ruins, mas eles estão errados. O cristianismo é praticamente a única das grandes religiões que aprova completamente o corpo — que crê que a matéria é boa, que Deus mesmo tenha assumido um corpo humano, que algum tipo de corpo nos será dado até mesmo no céu e que essa será uma parte essencial da nossa felicidade, beleza ou energia. O cristianismo glorificou o casamento mais do que qualquer outra religião, e quase todos os poemas de amor mais arrebatadores do mundo foram produzidos por cristãos. Se alguém disser que o sexo em si é algo ruim, o cristianismo irá contradizê-lo imediatamente. Mas é claro que, quando as pessoas dizem que o "sexo não é nada de que se deva ter vergonha", também podem estar querendo dizer que "o estado em que o instinto sexual se encontra atualmente não é nada do que se tenha de ter vergonha".

Se querem dizer isso, penso que estejam erradas — na verdade, acredito que temos todos os motivos para nos sentir envergonhados. Não há nada de vergonhoso em apreciar a comida, mas seria vergonhoso se as pessoas fizessem da comida o interesse central de suas vidas e passassem o tempo todo contemplando fotos de pratos a ponto de ficar com água na boca e estalando os lábios. Não estou dizendo que você e eu sejamos individualmente responsáveis pela atual situação. Nossos ancestrais nos legaram organismos que, sob esse aspecto, são pervertidos, e nós fomos criados rodeados pela propaganda em prol da perversão. Há pessoas que querem manter nosso instinto sexual inflamado para ganhar dinheiro à nossa custa, porque, é claro, uma pessoa obcecada nunca resiste a um bom marketing. Deus conhece nossa situação e não vai nos julgar como se não tivéssemos dificuldades para superar. O que importa é a sinceridade e perseverança em nossa vontade de superá-las.

Para sermos curados, precisamos desejar ser curados. Todo aquele que pede socorro com sinceridade será socorrido; mas para muitas pessoas modernas até o desejar é difícil. É fácil pensar que desejamos algo sem o desejarmos realmente. Um cristão famoso certa vez disse que, quando era jovem, orava constantemente por castidade; porém, anos mais tarde, ele se deu conta de que, enquanto os seus lábios pronunciavam: "Ó Senhor, torne-me casto", seu coração acrescentava secretamente: "Mas, por favor, não o faça já". Isso também pode acontecer nas orações por outras virtudes; mas há três razões por que é especialmente difícil para nós desejar — quanto mais alcançar — a castidade completa imediatamente.

Em primeiro lugar, nossa natureza corrompida, os demônios que nos tentam e toda essa propaganda contemporânea em prol da luxúria aliam-se para nos dar a impressão de que os desejos aos quais estamos resistindo são tão "naturais", tão "saudáveis" e tão razoáveis que é quase perverso e anormal resistir a eles. Todo cartaz, todo filme, todo romance nos faz associar a ideia da emancipação sexual a ideias de saúde, normalidade, juventude, franqueza e bom humor. Contudo, essa associação é uma mentira. À semelhança de todas as mentiras poderosas, essa é baseada em uma verdade — a verdade reconhecida anteriormente, de que o sexo em si (à parte dos excessos e obsessões que germinaram ao nosso redor) é "normal" e "saudável", e tudo o mais. A mentira consiste na sugestão de que qualquer ato sexual ao qual somos tentados naquele momento também é saudável e normal.

Mas isso é pura bobagem sob qualquer ponto de vista saudável, mesmo fora do cristianismo. A entrega a todos os nossos desejos obviamente leva à impotência, à doença, à inveja, à mentira, à dissimulação e a tudo o que é contrário à saúde, ao bom humor e à franqueza. Se quisermos alcançar qualquer felicidade, mesmo neste mundo, será necessário muito comedimento; assim sendo, a alegação de que todo e qualquer desejo é saudável e razoável se for forte o bastante não tem nenhum valor. Toda pessoa civilizada e saudável deve seguir um conjunto de princípios segundo os quais escolhe rejeitar alguns desejos e admitir outros. Uns tomam por base princípios cristãos; outros, princípios de higiene; outros, ainda, princípios sociológicos. O conflito real não é o que se dá entre o cristianismo e a "natureza", mas entre os princípios cristãos e os outros princípios de controle da "natureza", pois a "natureza" (no sentido de desejo natural) precisa ser controlada de qualquer maneira, a menos que você queira arruinar toda a sua vida. Os princípios cristãos são, admitidamente, mais rígidos do que os demais; mas pensemos, então, que você obterá um auxílio para lhes obedecer que não obterá ao obedecer aos demais.

Em segundo lugar, muitas pessoas são dissuadidas de experimentar seriamente a castidade cristã porque pensam (antes mesmo de tentar) que ela é impossível de ser mantida. Mas, quando uma coisa precisa ser experimentada, nunca se deve pensar se ela é possível ou impossível. Diante de uma questão optativa em uma prova, avaliamos se vamos conseguir realizá-la ou não; diante de uma questão obrigatória, temos de dar o melhor de nós. Você poderá conquistar alguns pontos por uma resposta incompleta, mas certamente não vai ganhar nada se deixar a questão em branco. Isso não vale apenas para as provas, mas também para a guerra, para o alpinismo, quando se quer aprender a andar de skate, ou a nadar, ou a andar de bicicleta, até mesmo para amarrar um colarinho engomado com dedos congelados, as pessoas muito frequentemente fazem o que parecia impossível antes de experimentarem. É maravilhoso ver o que se é capaz de fazer quando se é obrigado.

Aliás, uma coisa é certa: a castidade perfeita — da mesma forma que a caridade perfeita — não poderá ser alcançada por quaisquer esforços meramente humanos. É preciso pedir a ajuda de Deus. Mesmo se você tiver feito isso, poderá seguir tendo a impressão de que nenhuma ajuda ou menos ajuda do que você está precisando lhe esteja sendo dada por muito tempo. Não ligue para isso. Peça perdão depois de cada erro, aprume-se e tente de novo. Muitas vezes, a primeira ajuda de Deus não vem na forma da própria virtude, mas da força para continuar tentando, pois, por mais importante que a própria castidade (ou coragem, ou veracidade, ou qualquer outra virtude) possa ser, esse processo de treinamento de hábitos da alma é ainda mais importante. Ele nos cura de nossas ilusões sobre nós mesmos e nos ensina a depender de Deus. Por um lado, aprendemos que não podemos confiar em nós mesmos nem nos nossos melhores momentos; e, por outro, que não precisamos nos desesperar mesmo nos piores, pois nossas falhas são perdoadas. A única atitude fatal é nos acomodarmos, dando-nos por satisfeitos com menos do que a perfeição.

Em terceiro lugar, as pessoas muitas vezes compreendem mal o que a psicologia quer ensinar quando fala de "repressões". Ela ensina que o sexo "reprimido" é perigoso, mas, nesse caso, "reprimido" é um termo técnico que não significa "suprimido" no sentido de "negado" ou "recusado". Um desejo ou pensamento reprimido é aquele que foi lançado no subconsciente (normalmente em idade muito tenra) e agora só pode se apresentar à memória de uma forma disfarçada e irreconhecível. A sexualidade reprimida nem sequer é vista assim pelo paciente. Quando um adolescente ou adulto se engaja em resistir a um desejo consciente, ele não estará lidando com a repressão e também não estará correndo o risco de criá-la. Pelo contrário, aqueles que estão tentando ser castos são mais conscientes e em pouco tempo saberão mais a respeito de sua própria sexualidade do que qualquer outra pessoa. Eles conhecem seus desejos no mesmo nível em que Wellington conhecia Napoleão ou Sherlock Holmes conhecia Moriarty;[1] como um caçador de ratos conhece esses bichinhos e um encanador conhece os canos com vazamento. A virtude — mesmo aquela apenas esboçada — traz luz; a permissividade, só bruma e escuridão.

Por fim, embora eu tenha falado bastante de sexo, gostaria de deixar o mais claro possível que ele não é o centro da moralidade cristã. Está redondamente enganado quem pensa que os cristãos veem a falta de castidade como o vício supremo. Os pecados da carne são maus, mas são os menos graves de todos. Os piores prazeres são os de ordem puramente espiritual, como o prazer de provar que o outro está errado, de tiranizar os outros, de tratar os demais com desdém e superioridade, de ser um estraga-prazeres, de difamar. São os prazeres do poder e do ódio. Isso porque existem dois seres dentro de mim que competem com o ser humano que devo tentar me tornar: o ser Animal e o ser Diabólico, sendo este último o pior dos dois. É por isso que um moralista frio e pretensamente virtuoso que vai regularmente à igreja pode estar bem mais perto do inferno que uma prostituta. Mas é claro que é melhor não ser nenhum dos dois.

---

[1] O professor Moriarty, personagem das histórias de Sherlock Holmes criadas por Conan Doyle, é o maior inimigo do herói. [N.T.]

CAPÍTULO 6

O casamento cristão

O capítulo anterior foi predominantemente negativo. Discuti o que havia de errado com o impulso sexual nos seres humanos, mas falei muito pouco sobre o seu funcionamento correto — em outras palavras, sobre o casamento cristão. Há duas razões pelas quais eu não quis tratar do casamento em particular. A primeira é que o ensino cristão desse assunto é extremamente impopular, e a segunda é que eu mesmo nunca fui casado e, portanto, não posso falar por experiência própria. Mas, apesar disso, sinto que não poderia deixar esse assunto de lado em um livro sobre a moral cristã.

A ideia cristã de casamento está baseada nas palavras de Cristo de que um homem e uma mulher devem ser um só corpo — pois é isso que as palavras "uma só carne" significam —, e os cristãos acreditam que, quando ele disse isso, não estava expressando um sentimento, mas declarando um fato — da mesma forma que declara um fato quem diz que a chave e a fechadura são um único sistema, ou que um violino e seu arco formam um único instrumento musical. O inventor da máquina humana quis nos dizer que as suas duas metades, a feminina e a masculina, foram feitas para serem combinadas aos pares, e não simplesmente quanto ao aspecto sexual, mas em todos os aspectos. A monstruosidade da relação sexual fora do casamento é que aqueles que se entregam a ela estão tentando isolar um tipo de união (a sexual) de todos os outros tipos de união que deveriam acompanhá-la para constituir a união total. A atitude cristã não significa que haja algo de errado com o prazer sexual mais do que com o prazer de comer, e sim que você não deve isolar o prazer sexual e tentar obtê-lo sozinho, da mesma forma que você não deve tentar obter os prazeres do gosto sem engolir e digerir, mastigando o alimento e cuspindo-o de novo.

Por consequência, o cristianismo ensina que o casamento deve durar por toda a vida. É claro que há uma diferença aqui entre as diversas igrejas com relação a isso: algumas não admitem algum tipo de divórcio, ao passo que outras o permitem de forma relutante em casos bem específicos. É uma grande pena que os cristãos discordem sobre uma questão como essa; mas, para um leigo, deve-se notar que todas as igrejas concordam entre si sobre o casamento muito mais do que com qualquer outro assunto do mundo externo. Refiro-me ao fato de todas elas terem o divórcio como algo parecido com uma incisão em um corpo vivo, uma espécie de cirurgia. Algumas delas acham que essa operação é tão brutal que não deve ser realizada em hipótese alguma; outras admitem que ela é um remédio radical a ser ministrado somente em casos extremos.

Em comum, todas concordam que isso é mais parecido com uma amputação de membros do corpo do que com a dissolução de uma sociedade ou com a deserção de uma unidade militar. Mas causa repúdio a todas a ideia de que o divórcio é um simples reajuste entre parceiros, a ser realizado sempre que as pessoas sintam que não estão mais apaixonadas umas pelas outras, ou quando uma das duas se apaixona por outra pessoa.

Antes de considerarmos essa visão moderna em sua relação com a castidade, não podemos deixar de considerá-la em relação a outra virtude, a justiça, a qual, como disse anteriormente, inclui o cumprimento de promessas. Agora, todos aqueles que se casaram em uma igreja fizeram uma promessa solene, pública, de ser fiéis ao seu parceiro até a morte. O dever de manter essa promessa não tem nenhuma relação especial com a moralidade sexual, mas está em pé de igualdade com as demais promessas. Se, como as pessoas modernas insistem em dizer, o impulso sexual é igual a todos os nossos demais impulsos, então ele deve ser tratado como igual e, portanto, já que o gozo de todo e qualquer impulso é controlado por nossas promessas, este também deve ser. No entanto, se, como penso, ele não é igual a nossos demais impulsos, mas se encontra morbidamente inflamado, devemos nos acautelar no sentido de não permitir que ele nos leve à desonestidade.

Alguém poderia replicar dizendo que considera a promessa feita na igreja uma mera formalidade que nunca pretendeu manter. A quem, então, ele estava tentando enganar quando a fez? A Deus? Isso teria sido realmente pouco inteligente. A si mesmo? Tampouco seria isso muito mais sábio. A noiva, ou o noivo, ou os sogros? Isso teria sido traição. Penso que o mais comum é que o casal (ou um deles) esperava enganar o público. Eles desejavam a respeitabilidade que é associada ao casamento, mas sem a intenção de pagar o preço, isto é, eles foram impostores e trapacearam. Se eles teimam em ser trapaceiros satisfeitos, não terei nada a lhes dizer, pois quem exortaria pessoas que jamais desejaram ser honestas a seguir o nobre, porém penoso, dever da castidade? Mas, se eles caírem em si e desejarem ser honestos, a promessa que já fizeram acabará por constrangê-los. Tudo isso, como você pode notar, está circunscrito no âmbito da justiça, e não da castidade. Se as pessoas não acreditarem no casamento permanente, talvez fosse melhor que vivessem juntas sem se casar do que fazer votos que não pretendessem manter. É verdade que vivendo juntas sem se casar elas serão culpadas (aos olhos cristãos) de fornicação, mas um erro não compensa o outro, ou seja, a falta de castidade não é amenizada se acrescentamos a ela o perjúrio.

A ideia de que "estar apaixonado" é a única razão para permanecer casado realmente não deixa espaço para o casamento como contrato ou promessa. Se o amor for tudo, então a promessa não pode acrescentar nada; e, se não acrescenta nada, então não pode ser feita. O curioso é que os próprios amantes, enquanto permanecerem realmente apaixonados, sabem disso melhor do que aqueles que falam muito sobre o amor. Como Chesterton destacou, pessoas apaixonadas têm a tendência natural de se amarrarem com promessas, haja vista que as canções de amor por todo o mundo estão cheias de juras de fidelidade eterna. A lei cristã não exige do amor algo que é alheio à sua natureza: exige apenas que os amantes levem a sério algo que a própria paixão os anima a fazer.

E é claro que a promessa, que foi feita quando estava apaixonado e porque estava apaixonado, de ser fiel à amada até a morte me induz ao compromisso de ser fiel mesmo quando a paixão for embora. Uma promessa tem de ser sobre ações que eu tenho condições de realizar, e ninguém pode prometer sentir algo para sempre, como não é possível prometer deixar de ter dores de cabeça ou de sentir fome. Mas qual, se me permite perguntar, seria a utilidade de manter duas pessoas juntas, se estas deixaram de estar apaixonadas? Há muitos motivos claros e sociais, por exemplo, para prover um lar para as crianças, para proteger a mulher (que provavelmente sacrificou ou prejudicou a sua própria carreira ao se casar) de ser descartada sempre que o homem se cansar dela. Mas há outra razão da qual estou convencido, embora eu a ache um pouco difícil de explicar.

É difícil porque tanta gente não consegue se dar conta de que, quando B é melhor do que C, A deve ser bem melhor do que B. Normalmente, as pessoas gostam de pensar em termos de bom e ruim, mas não, de bom, melhor e o "melhor de todos"; ou de ruim, pior e o "pior de todos". Elas querem saber se você julga que o patriotismo é algo bom: se você responder que é bem melhor do que o egoísmo individual, mas que é inferior à caridade universal, e que é preciso dar lugar à caridade universal quando as duas coisas entrarem em conflito, vão dizer que você está sendo evasivo. Elas querem saber o que você pensa sobre o duelo. Se você responder que é bem melhor perdoar uma pessoa do que duelar com ela, mas que um duelo é melhor do que a inimizade perpétua que se expressa em esforços secretos de "derrubar" o oponente, elas se queixam de que você não lhes deu uma resposta franca e direta. Espero que ninguém cometa esse equívoco quanto ao que eu vou dizer agora.

O que chamamos de "estar apaixonado" é um estado de graça e, sob vários aspectos, ele é benéfico para nós, uma vez que nos ajuda a nos tornar generosos e corajosos, abrindo os nossos olhos não apenas para a beleza da pessoa amada, mas também para todo o tipo de beleza, e fazendo com que domemos nossa sexualidade meramente animal (especialmente no começo) — nesse sentido, o amor é o grande conquistador do desejo. Ninguém em sã consciência negaria que estar apaixonado é bem melhor do que a sensualidade comum ou o frio egocentrismo. Mas, como eu disse anteriormente, "a coisa mais perigosa que você pode fazer é pegar um impulso de nossa própria natureza e determiná-lo como regra a ser seguida a todo custo". Estar apaixonado é algo bom, mas não é a melhor coisa do mundo. Há muitas outras coisas piores do que isso, mas também há coisas bem melhores. Você não pode tornar o estar apaixonado o fundamento de toda a sua vida. Trata-se de um sentimento nobre, mas que não deixa de ser apenas um sentimento. Não se pode partir do pressuposto de que algum sentimento perdure com força total, nem mesmo que perdure. O conhecimento pode durar, os princípios podem durar, os hábitos podem durar; mas os sentimentos são instáveis. E, de fato, seja o que for que as pessoas possam dizer, o estado que se chama de "apaixonado" normalmente não perdura. Se o final dos contos de fada "e viveram felizes para sempre" for tomado no sentido de que "eles se sentiram ao longo dos cinquenta anos seguintes da mesma forma que se sentiram antes de se casarem", então isso nunca foi nem será verdade. E seria altamente indesejável se fosse. Quem poderia suportar viver nesse enlevo mesmo por cinco anos? O que seria do seu trabalho, do seu apetite, do seu sono, de suas amizades? Mas é claro que deixar de estar "apaixonado" não precisa significar deixar de amar. Amar, nesse segundo sentido — como algo distinto de "estar apaixonado" — não é meramente um sentimento. Trata-se de uma profunda unidade, mantida pela vontade e fortalecida deliberadamente pelo hábito; reforçada pela graça (no caso dos matrimônios cristãos) que ambos os parceiros pedem a Deus e dele recebem. É perfeitamente possível que eles sintam esse amor um pelo outro mesmo naqueles momentos em que algo no outro lhes desagrada; da mesma forma que você ama a si mesmo quando algo em você lhe desagrada. Conseguem manter esse amor aceso mesmo quando, caso se descuidassem, facilmente "se apaixonariam" por outra pessoa. "Estar apaixonado" foi o primeiro passo para eles prometerem fidelidade um ao outro, e o amor, que é mais sereno, permite-lhes cumprir a promessa. É esse amor o combustível que faz o motor do casamento funcionar: estar apaixonado foi a ignição que deu partida.

Você tem liberdade para discordar de mim e dizer: "Ele mal sabe do que está falando, já que não é casado", e você pode até ter razão, mas, antes de dizer isso, tenha certeza de que seu juízo proceda de sua própria experiência e da observação da vida de seus amigos, e não de ideias que você tenha tirado de filmes e romances. Isso não é tão fácil de fazer quanto as pessoas pensam. Nossa experiência é profundamente influenciada pelos livros, pelas peças de teatro e pelo cinema, que demanda paciência e habilidade se desvencilhar dessas coisas e separá-las do nosso aprendizado da vida real.

As pessoas adquirem dos livros a ideia de que, se você se casou com a pessoa certa, pode ter a expectativa de continuar "apaixonado" para sempre. O resultado disso é que, quando descobrem que não estão mais nesse estado, elas pensam que isso é prova de que cometeram um erro e que têm direito a uma mudança — sem se dar conta de que, quando elas tiverem mudado de parceiro, o glamour se esvairá do novo amor da mesma forma que foi embora do anterior. Nesse departamento da vida, assim como em qualquer outro, no começo tudo é movido pelas emoções, mas elas não duram. O tipo de emoção que um garoto sente com a ideia de se tornar piloto não persistirá quando ele ingressar na Força Aérea e começar a voar de verdade. A emoção que você sente ao ver um lugar prazeroso pela primeira vez acaba quando você passar a viver lá de fato. Será que isso significa que seria melhor não aprender a voar nem viver num lugar bonito? De forma nenhuma. Em ambos os casos, quando a primeira emoção se extinguir, será substituída por um tipo de interesse mais sereno e duradouro. Além do mais (e dificilmente encontro palavras para lhe dizer o quanto penso que isso é importante), são apenas aquelas pessoas que estão prontas para se submeter à perda da emoção e partem para o interesse sóbrio que têm mais chance de encontrar novas emoções numa direção bem diferente. A pessoa que aprendeu a voar e se tornou um bom piloto de repente poderá despertar para a música; a pessoa que saiu em busca de viver num paraíso poderá descobrir a jardinagem.

Tal realidade é, penso eu, uma parte mínima do que Cristo quis dizer quando falou que uma coisa não viverá de fato enquanto não morrer primeiro. Simplesmente não adianta tentar manter vivo nenhum tipo de emoção: essa é precisamente a pior coisa que você pode fazer. Deixe a emoção passar — deixe-a extinguir-se —, passe por esse período de morte e chegue ao período mais sereno de interesse e felicidade que se seguirão — e descobrirá que estará vivendo em um mundo repleto de novas emoções. Mas, se você decidir fazer das emoções sua dieta regular e tentar prolongá-las artificialmente, cada uma delas ficará cada vez mais fraca, mais limitada, e você se tornará um velho entediado e desiludido pelo resto da vida. É porque tão poucas pessoas entendem isso que você vai encontrar tantos homens e mulheres de meia-idade murmurando sobre a sua juventude perdida, justamente na idade em que novos horizontes deveriam estar surgindo e novas portas se abrindo em torno deles. É muito mais divertido aprender a nadar do que ficar eterna (e desesperadamente) tentando reviver o sentimento que você teve quando foi remar pela primeira vez na infância.

Outra noção que adquirimos a partir dos romances e do teatro é que "se apaixonar" é algo completamente irresistível; algo que simplesmente contraímos, como sarampo. E, pelo fato de acreditarem nisso, algumas pessoas casadas jogam a toalha e cedem assim que acham que estão se sentindo atraídas por outra pessoa. Mas estou propenso a crer que essas paixões irresistíveis são bem mais raras na vida real do que nos livros, ao menos quando se trata de adultos. É natural que, encontrando uma pessoa que é bonita, inteligente e simpática, admiremos e amemos essas qualidades que ela possui. Mas será que não é a nós que cabe julgar se esse amor deve ou não se transformar no que chamamos de "estar apaixonado"? Não há dúvida de que, se nossa mente estiver cheia de romances, peças de teatro e músicas sentimentais, e nosso corpo estiver repleto de álcool, tenderemos a encarar qualquer amor como esse tipo de amor, da mesma forma que a água da chuva tenderá a correr para qualquer valeta que se formar pelo caminho e que, se você usar óculos com lentes cor-de-rosa, verá tudo cor-de-rosa. Mas tudo isso é culpa sua.

Antes de deixar a questão do divórcio, gostaria de distinguir duas coisas que as pessoas muitas vezes confundem. Uma delas é a concepção cristã de casamento; a outra é uma questão bem diferente — até que ponto os cristãos, sejam eles eleitores ou parlamentares, devem tentar impor suas visões do casamento ao restante da comunidade, incorporando-as às leis do divórcio. Uma grande quantidade de pessoas parece pensar que, se alguém é cristão, deve então dificultar o divórcio para todas as pessoas. Não penso assim. No mínimo, sei que ficaria muito bravo se os muçulmanos tentassem impedir o restante do mundo de tomar vinho. Minha própria visão é que as igrejas devem reconhecer francamente que a maioria do povo não é cristã e, portanto, não se pode esperar que vivam como se fossem cristãos. Deve haver dois tipos diferentes de casamento: um governado pelo Estado, com regras impostas a todos os cidadãos, e outro governado pela igreja, com regras impostas por ela aos seus membros. A distinção deve ser bem clara, de modo que uma pessoa saiba distinguir casais que estão casados, no sentido cristão, daqueles que não estão.

Até aqui, tratamos da doutrina cristã sobre a permanência do casamento. Mas ainda precisamos tratar de outro assunto, este ainda menos popular. As esposas cristãs prometem obedecer aos seus maridos, e, no casamento cristão, diz-se que o homem deve ser o "cabeça". Duas questões emergem daí: 1) Por que a necessidade de um cabeça — por que não a igualdade? 2) Por que essa função familiar deve ser realizada pelo homem?

1. A necessidade de haver um cabeça é derivada da ideia de que o casamento é permanente. É claro que, desde que o marido e a esposa estejam de acordo, não há necessidade de um cabeça; e podemos esperar que esse seja o estado normal das coisas no casamento cristão. Mas o que fazer quando há um desacordo real? É claro que

se deve conversar sobre o assunto; mas estou pressupondo que eles já tenham feito isso e mesmo assim não tenham chegado a um acordo. O que fazer nesse caso? Eles não têm como decidir por voto majoritário. Certamente, apenas uma ou outra destas duas coisas pode acontecer: ou eles têm de se separar e cada um segue seu próprio caminho, ou algum dos dois terá um voto de minerva (ou seja, um deles dará o voto que decidirá a situação). Se o casamento é permanente, uma ou outra parte deve, em última instância, ter o poder de decidir a política da família, pois não é possível ter uma associação permanente sem uma constituição.

2. Se há necessidade de um cabeça, por que seria o homem? Bem, para começo de conversa, será que há algum desejo sério de que seja a mulher? Como eu disse, não sou casado, mas até onde posso ver, nem mesmo a mulher que deseja ser o cabeça da sua própria casa normalmente admira que isso aconteça na casa do vizinho. É mais provável que ela diga: "Pobre sr. Fulano! Não entendo como ele pode deixar aquela mulher horrorosa mandar nele daquele jeito". Também não acho que ela ficaria muito lisonjeada quando alguém mencionasse o seu próprio papel de "comando". Deve haver algo pouco natural nas mulheres comandando os seus maridos, pois elas próprias se envergonham disso e desprezam os maridos que são "frouxos". Mas há outra razão; e aqui vou falar com toda a franqueza a partir da minha condição de solteiro, pois essa razão pode ser mais clara a partir de fora do que de dentro. As relações da família

para com o mundo externo — o que pode ser chamado de política externa — devem depender, em última instância, do homem, porque ele deve ser, e normalmente é, muito mais justo com as pessoas de fora. Uma mulher luta, em primeira instância, pelos seus próprios filhos e pelo marido contra o resto do mundo. É natural que para ela, e até certo ponto com razão, suas reivindicações se sobreponham a todas as demais demandas, uma vez que ela é a curadora de seus próprios interesses. O papel do marido é cuidar para que essa preferência natural dela não consiga prevalecer. Ele tem a última palavra para proteger as outras pessoas do patriotismo familiar intenso de sua esposa. Se alguém duvida disso, permita-me fazer uma simples pergunta. Se o seu cachorro mordesse o filho do vizinho ou se o seu filho tivesse machucado o cachorro dele, com quem você iria tratar do caso primeiro, com o chefe da casa ou com a dona da casa? Ou, se você for uma mulher casada, permita-me fazer-lhe uma pergunta. Por mais que admire o seu marido, você não diria que a pior falha dele é a tendência de não defender os direitos da família contra os vizinhos de forma tão intensa quanto você gostaria? Que ele é um pouco sossegado demais?

CAPÍTULO 7

Perdão

Eu disse em um capítulo anterior que a castidade é a menos popular das virtudes cristãs, mas já não tenho tanta certeza disso. Acho que há outra ainda mais impopular. Ela está estabelecida na regra cristã: "Ame ao seu próximo como a si mesmo", porque na moral cristã o "seu próximo" inclui o "seu inimigo", e, assim, temos de encarar o terrível dever de perdoar aos nossos inimigos.

Todos dizem que o perdão é uma atitude maravilhosa até que tenham algo para perdoar, como tivemos durante a guerra. Nessas horas, só de tocar no assunto as pessoas reagem com gritos de revolta. Não está em jogo se elas pensam que esta seja uma virtude muito elevada ou difícil; na verdade, para essas pessoas ela é detestável e desprezível. "Esse tipo de conversinha me dá náusea", dizem. E metade das pessoas se vira logo para me perguntar: "Como você acha que seria ter de perdoar a Gestapo se você fosse um polonês ou um judeu?"

Eu também me faço essa pergunta com frequência. Da mesma forma que, quando o cristianismo me diz para não negar minha religião nem mesmo para me salvar da morte pela tortura, pergunto-me muitas vezes o que faria se as coisas chegassem a esse ponto. Não estou tentando lhe dizer neste livro o que eu faria — é possível que eu faça muito pouco —; estou tentando lhe mostrar o que é o cristianismo. Eu não o inventei. E bem ali, no seu âmago, encontro as palavras: "Perdoa as nossas dívidas, assim como perdoamos aos nossos devedores". Não há a menor brecha para se concluir que nos é oferecido perdão em quaisquer outros termos. Está perfeitamente claro que, se não perdoarmos, não seremos perdoados. Não há alternativa quanto a isso. Então, o que fazer?

De qualquer forma, não é nada fácil, mas penso que há duas coisas que possamos fazer para facilitar as coisas. Se você quiser aprender Matemática, não vai começar pelo Cálculo Diferencial e Integral; mas pela Aritmética. Da mesma forma, se realmente (mas tudo depende de querer de verdade) desejamos aprender a perdoar, talvez seja melhor começar por algo mais fácil do que a Gestapo. Você poderia começar perdoando a seu marido ou a sua esposa, ou a seus pais, ou a seus filhos, ou ao suboficial mais próximo, por algo que eles fizeram ou disseram na semana passada. Isso provavelmente já vai demandar bastante tempo. E, em segundo lugar, devemos tentar entender o que exatamente significa amar o próximo como a si mesmo. Devo amá-lo como amo a mim mesmo. Muito bem, como exatamente eu me amo?

Agora que começo a pensar sobre isso, não tenho exatamente predileção ou sinto afeição por mim mesmo e nem sempre gosto da minha própria companhia. Assim, aparentemente "ame o seu próximo" não quer dizer "tenha carinho por ele" ou "considere-o simpático". Eu deveria ter percebido isso antes, porque, é claro, não conseguimos gostar de alguém por força de vontade. Será que eu me sinto bem comigo mesmo e me acho um cara legal? Bem, temo que às vezes sim (e esses sem dúvida são os meus piores momentos), mas não é por isso que eu me amo. Na verdade, é o contrário: meu amor-próprio faz com que eu me ache um cara legal, mas me achar um cara legal não é o motivo de eu me amar. Assim, amar meus inimigos também parece não significar que nós os achemos legais, e isso é um enorme alívio, pois uma boa parcela das pessoas imagina que perdoar a nossos inimigos significa supor que eles não são tão maus assim quando está mais do que claro que eles o são. Vamos dar um passo adiante. Nos meus momentos mais sóbrios, além de não me considerar um sujeito legal, sei que sou um sujeito bem perverso. Reconheço algumas das coisas que já fiz, com horror e asco. Assim, aparentemente, estou autorizado a ter asco e odiar algumas coisas que meus inimigos fazem. Agora que estou pensando sobre isso, lembro-me de alguns professores cristãos que me disseram, há muito tempo, que devo odiar as ações de uma pessoa má, mas não a pessoa má; ou, como eles diriam, odiar o pecado, mas não o pecador.

Por muito tempo, considerei ingênua e enganosa essa distinção, pois como é que você poderia odiar o que uma pessoa fez sem odiá-la? Mas, anos depois, ocorreu-me que havia um homem com o qual eu estava fazendo isso o tempo todo — eu mesmo. Por mais que eu possa desgostar de minha própria covardia, prepotência ou avareza, continuo a me amar. Nunca tive a menor dificuldade quanto a isso. Na verdade, o real motivo pelo qual eu detestava essas coisas era porque eu amava esse homem. Era só porque eu me amava que ficava triste por ser o tipo de pessoa que fazia aquelas coisas. Consequentemente, o cristianismo não quer que reduzamos nem por um milímetro o ódio que sentimos pela crueldade e pela traição. Devemos mesmo odiar essas atitudes. Não é preciso retirar nem uma palavra que dissemos sobre elas. Mas ele deseja que nós odiemos as coisas em si, ou seja, devemos ficar tristes porque a pessoa fez tais coisas e esperar, se isso for possível, que, de alguma forma, em algum momento e lugar, ela possa ser curada e voltar a ser humana.

Faça o seguinte teste. Suponha que alguém leia uma história de atrocidades hediondas no jornal e, em seguida, um acontecimento sugerisse que a história não era bem verdade ou não fosse tão atroz quanto pareceu. Será que a sua primeira reação seria dizer: "Graças a Deus que eles não foram tão ruins assim"? Ou seria a de ficar decepcionado e disposto a apegar-se à primeira versão pelo puro prazer de poder pensar muito mal dos seus inimigos? Se for a segunda alternativa, então, temo que será o primeiro passo em um processo que, se levado às últimas consequências, nos transformará em demônios. Percebe que quem age assim começa a desejar que a escuridão fosse um pouco mais sombria? Se cedermos a esse desejo, desejaremos enxergar o crepúsculo como escuridão, e depois a própria claridade como trevas. Por fim, passaremos a insistir em ver tudo — Deus, nossos amigos e inclusive nós mesmos — como maldosos, e sem condições de parar essa trajetória, estaremos presos para sempre a um universo de puro ódio.

Vamos agora dar um passo além. Será que amar os nossos inimigos significa deixar de puni-los? Não, pois amar a mim mesmo tampouco significa que eu não devesse me submeter à punição — ou mesmo à morte. Se você cometesse um assassinato, a coisa certa a fazer, se você for um cristão, seria entregar-se à polícia para ser enforcado.[1] Por isso, em minha opinião, é perfeitamente certo para um juiz cristão sentenciar um homem à morte; ou para um soldado cristão matar um inimigo. Sempre pensei assim, desde que eu me tornei cristão, e muito antes da guerra, e continuo pensando assim, mesmo agora que estamos em paz. Não adianta ficar citando: "Não matarás". Há duas palavras gregas, a palavra comum para *matar* e a palavra *assassinar*; e, quando Cristo cita esse mandamento, ele usa a palavra para assassinato nos três relatos: o de Mateus, o de Marcos e o de Lucas. E me disseram que existe a mesma distinção no hebraico. Nem todo ato de matar é um assassinato, da mesma forma que nem toda relação sexual é um adultério. Quando os soldados perguntaram a João Batista o que deveriam fazer, ele nunca sugeriu, nem de longe, que eles deveriam deixar o exército: Cristo tampouco fez isso quando se encontrou com o capitão romano — que eles chamavam de centurião. A ideia do cavaleiro — o cristão armado em defesa de uma boa causa — é um dos grandes

[1] A pena de morte estava em vigor no Reino Unido na época de Lewis; a última execução por enforcamento, antes de a prática ser abolida, foi em 1964. [N. E.]

conceitos cristãos. A guerra é algo horrendo, e posso até respeitar um pacifista honesto, apesar de achar que ele está redondamente enganado. O que não posso entender é aquela espécie de semipacifismo de hoje, que dá às pessoas a ideia de que, diante do dever de lutar, você deveria fazê-lo contrariado e até mesmo envergonhado. É esse sentimento que rouba uma grande quantidade de magníficos jovens cristãos que se alistaram de algo a que têm direito, algo que é o acompanhamento natural da coragem — um tipo de regozijo e engajamento total.

Muitas vezes me peguei pensando como teria sido se, na época em que servi na Primeira Guerra Mundial, eu e algum jovem alemão matássemos um ao outro ao mesmo tempo e nos encontrássemos logo depois da morte. Não consigo imaginar que um de nós sentiria um pingo de ressentimento ou qualquer constrangimento. Penso que teríamos, na verdade, caído no riso juntos.

Imagino que alguém pudesse levantar a seguinte objeção: "Bem, se me permitem condenar os atos do inimigo, puni-lo e matá-lo, que diferença poderia haver entre a moralidade cristã e a visão comum?" Faz toda a diferença. Lembre-se de que, nós, cristãos, pensamos que as pessoas vivem para sempre, portanto, o que realmente importa são aquelas pequenas marcas ou distorções na parte de dentro, no âmago da alma, que vão transformá-lo, no longo prazo, em uma criatura celestial ou infernal. Podemos até matar, se for necessário, mas não devemos alimentar o ódio ou curti-lo. Podemos até punir, se preciso for, mas não devemos ter prazer nesse ato. Em outras palavras, algo dentro de nós, o ressentimento, o desejo de revanche, deve ser simplesmente aniquilado. Não quero dizer com isso que alguém seja capaz de decidir que jamais vai ter tais sentimentos de novo, pois não é assim que as coisas funcionam. Quero dizer que toda a vez que isso vier à tona, no dia a dia, ano após ano, por toda a nossa vida, devemos reprimi-lo. Trata-se de um trabalho árduo, mas que não é impossível. Mesmo se a guerra nos leva a matar e a punir, o nosso dever é sentir com relação ao inimigo o mesmo sentimento que teríamos conosco — desejando que ele não fosse mau, esperando que ele possa, nesta vida ou na próxima, ser curado —; em suma, desejar-lhe bem. É isso que a Bíblia quer dizer quando fala que devemos amá-lo: desejar-lhe o bem, e não ter simpatia por ele nem dizer que ele é legal quando não é.

Admito que isso signifique que devo amar pessoas que não são nada amáveis. Mas, pergunto-me, será que nós mesmos temos algo de amável? Ou nos amamos porque na verdade amamos nosso "eu"? A intenção de Deus é que amemos todos os "eus" da mesma forma e pelo mesmo motivo, mas ele já nos deu o resultado certo da conta para depois nos ensinar como ela funciona. Então, resta-nos ir em frente e aplicar a mesma regra aos demais entes humanos. Isso será mais fácil se nos lembrarmos de que é assim que ele nos ama. Não por quaisquer qualidades belas ou atrativas que julguemos possuir, mas só porque somos as criaturas dotadas de individualidade, pois, na verdade, não há nada em nós digno de amor: criaturas como nós que, na verdade, encontram tanto prazer no ódio, que abrir mão dele é tão difícil quanto se abster da cerveja ou do cigarro...

CAPÍTULO 8

O grande pecado

Estou chegando agora àquela parte da moral cristã que vai distingui-la mais nitidamente de todas as outras morais. Há um vício do qual ninguém no mundo está livre; o qual todas as pessoas no mundo abominam quando o notam na outra pessoa; e de que dificilmente alguém, exceto um cristão, jamais se imagina culpado. Já ouvi pessoas admitirem que são mal-humoradas ou que não conseguem se controlar com relação às mulheres ou à bebida, ou até mesmo que são covardes. Acho que nunca vi um não cristão assumir esse vício. E, ao mesmo tempo, raríssimas vezes encontrei alguém que não fosse cristão mostrar-se tolerante com relação a esse vício nos outros. Não há defeito que torne uma pessoa menos popular e nenhum do qual tenhamos menos consciência do que esse vício. E, quanto mais nós o temos, mais o detestamos nos outros.

O vício a que me refiro é o Orgulho ou a Presunção, e a virtude oposta a ele, na moral cristã, é chamada de Humildade. Você deve se lembrar de que, quando falei da moralidade sexual, eu o alertei para o fato de que ela não era o centro da moral cristã. Bem, agora chegamos a esse ponto central. De acordo com os mestres cristãos, o pecado capital, o mal supremo, é o Orgulho.

A falta de castidade, a raiva, a avareza, a bebedice e tudo o mais são meras fichinhas em comparação: foi pelo Orgulho que o diabo se tornou o diabo; o Orgulho leva a todos os outros vícios — trata-se do estado de mente completamente contrário a Deus.

Parece que estou exagerando? Se você acha isso, sugiro que pense melhor. Destaquei há pouco tempo que, quanto mais orgulhosa for uma pessoa, mais ela detesta o orgulho nas outras. Na verdade, se você quiser descobrir o quanto é orgulhoso, a forma mais fácil de fazê-lo é perguntar-se: "Quanto eu detesto quando outras pessoas me inferiorizam ou se recusam a me dar atenção, ou dão palpite, ou são condescendentes comigo, ou são exibidas"? A questão é que o orgulho de cada pessoa está concorrendo com o orgulho de todos os demais. É porque eu quis ser o destaque da festa que estou tão chateado que outra pessoa o tenha sido. Dois bicudos não se bicam. O que essa frase evidencia é que o Orgulho é *essencialmente* competitivo — e o é por sua própria natureza —, enquanto os demais vícios são competitivos apenas, por assim dizer, por acidente. O Orgulho não tem prazer em ter algo, mas apenas em ter mais do que o próximo. Dizemos que as pessoas são orgulhosas por serem ricas, ou inteligentes, ou belas, mas elas não são. Elas se orgulham por serem mais ricas, mais inteligentes e mais bonitas do que os outros. Se todo mundo se tornasse igualmente rico, inteligente e bonito não haveria do que se orgulhar. É a comparação que faz uma pessoa orgulhosa: o prazer de estar acima dos demais. Uma vez que o elemento da competição tenha sido eliminado, o Orgulho também o será; por essa razão que sustento que o Orgulho é essencialmente competitivo, mas de uma forma que os outros vícios não são. O impulso sexual pode levar dois homens a competir, se ambos desejam a mesma garota; mas isso só se dá por acidente, uma vez que eles também poderiam ter desejado duas garotas diferentes. Mas um homem orgulhoso vai tomar a sua garota de você não porque ele a deseja, mas apenas para provar a si mesmo que ele é mais homem do que você. A ganância pode levar duas pessoas a competirem, se não tiverem recursos suficientes; mas o homem orgulhoso, mesmo que tenha mais do que poderia querer, vai tentar conseguir mais o só para afirmar seu poder.

Quase todos aqueles males do mundo que as pessoas atribuem à cobiça e ao egocentrismo são, na verdade, muito mais o resultado do Orgulho.

Tomemos como exemplo o caso do dinheiro. A avareza certamente fará com que o homem queira dinheiro para ter uma casa melhor, férias melhores, melhores alimentos e bebidas, mas apenas até certo ponto. O que faz com que uma pessoa que ganhe £10.000 por ano fique ansiosa por passar a ganhar £20.000 por ano? Não é a ambição por mais prazer, uma vez que £10.000 vão lhe dar todos os luxos de que uma pessoa possa realmente desfrutar.[1] É o Orgulho

---

[1] Os valores que Lewis usa como exemplo representariam hoje centenas de milhares de libras esterlinas. [N. E.]

— o desejo de ficar mais rico do que outro homem rico e (ainda mais) o desejo de poder. Pois é claro que aquilo que o Orgulho realmente aprecia é o poder, e não há nada que faça uma pessoa se sentir tão superior aos outros quanto ser ela capaz e manipulá-los como soldadinhos de chumbo. O que faz uma menina linda espalhar tormento por onde quer que vá para coletar admiradores? Certamente não é o seu instinto sexual, pois esse tipo de garota muitas vezes é frígida. É o Orgulho. O que faz com que o líder político ou toda uma nação busque ampliar cada vez mais seus domínios e suas reivindicações? Mais uma vez o Orgulho. O Orgulho é competitivo por natureza, e é por isso que vai cada vez mais longe. Se é o caso de eu ser um homem orgulhoso, então, enquanto houver outro em todo o mundo que seja mais poderoso, mais rico ou mais inteligente do que eu, ele será meu rival e meu inimigo.

Os cristãos estão certos: o Orgulho tem sido a causa principal da desgraça em todas as nações e todas as famílias desde a criação do mundo. Outros vícios podem, às vezes, reunir pessoas; por exemplo, você pode encontrar camaradagem e risos e gentileza em meio a pessoas bêbadas ou devassas, mas o Orgulho sempre significa inimizade — ele é a inimizade em pessoa. E não apenas inimizade entre pessoas, mas inimizade para com Deus.

Em Deus, você depara contra algo que é incomensuravelmente superior. A menos que você conheça bem a Deus — e, por isso, saiba que não é nada em comparação com ele — não o conhece de jeito nenhum. Enquanto você for orgulhoso, não poderá conhecer a Deus. Uma pessoa orgulhosa sempre está desdenhando coisas e pessoas, e, é claro, se você fica olhando de cima para baixo, não poderá olhar para nada que esteja acima de você.

Isso levanta uma questão terrível. Como as pessoas que estão obviamente corroídas pelo Orgulho podem dizer, ao mesmo tempo, que acreditam em Deus e que se consideram tão religiosas? Receio que isso signifique que elas estejam adorando a um Deus imaginário. Na teoria, elas admitem que não são nada na presença do seu "Deus-fantasma", mas, na verdade, estão o tempo todo imaginando o quanto ele as aprova e as considera bem melhores do que as pessoas comuns; ou seja, pagam alguns tostões de humildade imaginária para ele e, em troca, obtêm milhões em termos de Orgulho diante dos seus companheiros. Suponho que tenha sido nesse tipo de pessoa que Cristo estava pensando quando disse que alguns pregam sobre ele e expulsam demônios em seu nome apenas para ouvirem, no juízo final, que ele nunca os conheceu. E qualquer um de nós pode, em qualquer momento, cair nessa cilada de morte. Felizmente, temos como provar se caímos nela. Sempre que nossa vida religiosa está nos fazendo pensar que somos bons — acima de tudo, que somos melhores do que os outros —, certamente estamos sendo influenciados não por Deus, mas pelo diabo. A prova real de que você está na presença de Deus é que você ou esquece completamente de si ou se vê como um objeto pequeno e sujo. O melhor é esquecer-se completamente de si.

É uma realidade terrível que o pior de todos os vícios pode se infiltrar no próprio centro da vida religiosa, mas podemos entender o porquê disso. Os outros vícios, menos ruins, vêm da obra que o diabo realiza em nós, em cima de nossa natureza animal, mas aquele não vem, absolutamente, de nossa natureza animal. Ele vem diretamente do inferno. É puramente espiritual e, consequentemente, é bem mais sutil e mortal. Pela mesma razão, o Orgulho pode muitas vezes ser usado para derrotar os vícios mais simples. Os professores, na verdade, muitas vezes apelam ao Orgulho do aluno, ou, como eles preferem dizer, à autoestima, a fim de fazê-lo assumir um bom comportamento; muita gente já venceu a covardia ou o desejo, ou ainda o mau humor aprendendo a pensar que essas coisas estão aquém de sua dignidade — isto é, pelo Orgulho. O diabo cai na gargalhada e fica muito contente em vê-lo tornando-se casto, cheio de coragem e autocontrole desde que, nesse tempo, ele esteja instaurando em nós a Ditadura do Orgulho — da mesma forma que ele ficaria bem contente de ver as suas frieiras curadas se lhe fosse permitido, em troca, enviar-lhe câncer. Pois o Orgulho é um câncer espiritual, tendo em vista que corrói a própria possibilidade de amor, ou de contentamento, ou mesmo de bom senso.

Antes de finalizarmos este assunto, tenho de me precaver contra alguns possíveis mal-entendidos:

1. O prazer em ser elogiado não é Orgulho. A criança que recebe um tapinha nas costas por ter feito bem a lição, a mulher cuja beleza é elogiada pelo seu amor, a alma salva para a qual Cristo diz: "Muito bem", todos ficam felizes e devem mesmo ficar, pois, nesses casos, o prazer

não está no que você é, mas no fato de que você agradou a alguém a quem queria (e queria com toda a razão). O problema começa quando você passa do pensamento: "Eu lhe agradei, tudo está bem" ao pensamento "Que pessoa legal que eu devo ser por ter feito isso". Quanto mais você se agrada de si mesmo e menos se agrada do elogio, pior estará se tornando; se você só se compraz de você mesmo e não liga a mínima para o elogio, terá chegado ao fundo do poço. É por isso que a vaidade, apesar de ser o tipo de Orgulho que aparece mais, é, na verdade, o tipo menos ruim e mais perdoável. A pessoa vaidosa deseja demais elogio, aplauso e admiração, e está sempre os buscando. Trata-se de um defeito, mas um defeito infantil e (por incrível que pareça) que envolve humildade, pois mostra que você ainda não está completamente satisfeito com sua admiração própria. Você valoriza as outras pessoas o suficiente para querer que elas olhem para você. Na verdade, você ainda está sendo humano. O Orgulho realmente obscuro e diabólico vem quando você está tão acostumado a olhar para os outros de cima para baixo que não liga para o que eles pensam de você. É claro que, muitas vezes, está totalmente certo, aliás pode até ser nosso dever, não ligar para o que pensam de nós, desde que o façamos pelo motivo certo, a saber: porque damos um valor incomparável ao que Deus pensa. Mas a pessoa orgulhosa tem uma razão diferente para não ligar. Ela diz: "Por que eu deveria ligar para o aplauso daquela ralé se a opinião dela não vale nada? E, mesmo se a opinião dela valesse alguma coisa, desde quando eu sou o tipo de pessoa que fica em busca de elogios, como alguma garotinha desprezível em seu primeiro baile? Não, sou uma pessoa equilibrada, adulta, e tudo o que eu fiz foi para satisfazer meus próprios ideais — ou minha consciência artística — ou as tradições de minha família — ou, em uma palavra, porque eu sou 'o cara'. Se a gentalha gosta disso ou não, o problema é dela. Ela não vale nada para mim". Nesse sentido, o orgulho real, profundamente impregnado, poderia agir como um teste de vaidade, pois, como disse anteriormente, o diabo adora "curar" um defeito pequeno dando-lhe outro grande. Temos de tentar não ser vaidosos, mas nunca devemos acionar o Orgulho para curar a nossa vaidade.

2. Dizemos que um homem tem "orgulho" de seu filho, ou de seu pai, ou de sua escola, ou do regimento, e poderíamos nos perguntar se o "orgulho", nesse sentido, é um pecado. Penso que depende exatamente do que queremos dizer com estar "orgulhoso". Muito frequentemente, em frases assim, a expressão "tem orgulho de" significa "tem uma admiração calorosa por". Uma admiração assim é claro que está muito longe de ser um pecado, mas pode, quem sabe, significar que a pessoa em questão se coloca acima das outras por causa do seu pai distinto ou porque pertence a um regimento ilustre. Isso seria claramente um erro, mas, mesmo nesse caso, seria melhor do que simplesmente ficar orgulhoso de si mesmo. Amar ou admirar qualquer coisa além de si é dar um passo para longe da mais absoluta ruína espiritual, apesar de que nunca estaremos bem enquanto

amarmos e admirarmos qualquer coisa mais do que amamos e admiramos a Deus.

3. Não devemos achar que o Orgulho é algo que Deus proíbe porque se ofende com ele, ou que a humildade é uma ordenança por ser algo devido à sua própria dignidade — como se o próprio Deus fosse orgulhoso. Ele não está nem um pouco preocupado com a sua dignidade. O importante para Deus é que ele seja conhecido, ou melhor, ele quer se doar a você. E ele e você são duas coisas de tal espécie que, se você realmente tiver qualquer tipo de contato com ele, será de fato humilde — prazerosamente humilde, sentindo o alívio infinito de ter se livrado de vez do peso de todas aquelas asneiras sobre a sua própria dignidade que o deixaram tão agitado e infeliz por toda a vida. Ele está tentando fazê-lo ser humilde, a fim de tornar possível esse momento: tentando despi-lo de um monte de fantasias tolas e feias em que todos nós nos metemos e estamos nos aprumando por aí como os pequenos tolos que somos. Queria ter um pouco mais de humildade em mim, pois, se tivesse, provavelmente poderia lhe contar mais sobre o alívio e o consolo de se despir das fantasias — de se livrar do falso *eu* com todos os seus "Ei, olhe para mim" e "Não sou mesmo um cara legal?" e todas as suas poses e posturas. Chegar perto disso, nem que seja por um momento, é tão refrescante quanto um gole de água gelada para uma pessoa perdida no deserto.
4. Não pense que, se você se encontrar com uma pessoa realmente humilde, ela o será no sentido em que as pessoas definem "humilde" hoje em dia; não será o tipo

de pessoa pedante e bajuladora que está sempre lhe dizendo que não é ninguém. Provavelmente tudo o que você vai pensar a respeito dela é que ela parece uma pessoa alegre, inteligente, que demonstrou interesse de verdade no que *você* disse para *ela*. Se você não gosta dela, será porque sente um pouco de inveja de qualquer um que parece curtir a vida com tanta facilidade. Ela não estará pensando sobre a humildade; na verdade, não estará sequer pensando nela mesma.

Se alguém quer adquirir humildade, penso que poderia lhe dizer qual é o primeiro passo: reconhecer o próprio orgulho. Trata-se de um passo bem grande, aliás. E nada poderá ser feito antes disso. Se você pensa que não está sendo prepotente, está, na verdade, sendo prepotente demais.

CAPÍTULO 9

Caridade

Eu disse num capítulo anterior que havia quatro virtudes "cardeais" e três virtudes "teologais". As três teologais são Fé, Esperança e Caridade. A Fé será tratada nos dois últimos capítulos. Tratamos parcialmente da Caridade no capítulo 7, mas, naquela ocasião, eu me concentrei naquela parte da Caridade que se chama Perdão. Gostaria agora de acrescentar algo mais a essa exposição.

Primeiro, quanto ao sentido da palavra. "Caridade" nos dias atuais significa simplesmente o que costumava ser chamado de "dar esmolas" — isto é, ajudar os pobres. Originalmente, ela tinha um sentido muito mais amplo. (Você pode ver como ela adquiriu o sentido moderno. Se uma pessoa tem a qualidade da "caridade", dar aos pobres é uma das coisas mais óbvias que ela faz, e foi assim que as pessoas passaram a falar como se isso fosse tudo o que está implicado na caridade. À semelhança disso, a rima é a coisa mais óbvia da poesia, de modo que as pessoas passaram a se referir à poesia como mera "rima" e nada mais.) Caridade significa "amor no sentido cristão". Mas o amor, no sentido cristão, não se refere a nenhuma emoção. Não se trata de um estado do sentimento, mas da vontade; daquele estado da vontade que temos naturalmente sobre nós e devemos aprender a ter com relação às outras pessoas.

Destaquei, no capítulo sobre o perdão, que nosso amor por nós mesmos não quer dizer *simpatia* por nós mesmos, mas sim que queremos o nosso próprio bem. Da mesma forma, o amor cristão (ou a Caridade) pelos nossos vizinhos é algo bem diferente de gostar ou ter simpatia por eles. Nós gostamos e "simpatizamos" com certas pessoas e com outras, não. É importante entender que esse "simpatizar" natural não é nem um pecado nem uma virtude, assim como não o são nossas preferências alimentícias, e sim apenas um fato. Mas é claro que nossas atitudes com relação a esses gostos podem ser pecaminosas ou virtuosas.

A simpatia ou a afeição natural pelas pessoas tornam mais fácil ser "caridoso" com elas. Por isso, normalmente é um dever encorajar as nossas afeições — "gostar" tanto de pessoas quanto conseguirmos (da mesma forma que muitas vezes é nosso dever estimular em nós o gosto por exercícios ou pela comida saudável) — não porque essa seja propriamente a virtude da caridade, mas porque é uma forma de nos ajudar a alcançá-la. Por outro lado, também é necessário manter-se muito atento ao perigo de que nossa simpatia por alguém nos impeça de ser caridosos ou até injustos com os demais. Há casos até em que nossa simpatia entra em conflito com nossa caridade no que diz respeito à pessoa da qual gostamos. Por exemplo, uma mãe "amorosa" pode ser tentada pela afeição natural de "mimar" seu filho; isto é, satisfazer seus próprios impulsos afetivos à custa da real felicidade posterior da criança.

Contudo, por mais que a simpatia natural devesse ser encorajada normalmente, seria bem errado pensar que o caminho para se tornar caridoso é ficar acomodado, tentando produzir sentimentos afetuosos. Algumas pessoas são "frias" em seu temperamento, e isso pode ser um infortúnio para elas, mas não é um pecado, tanto quanto não é pecado ter uma má digestão; e isso não as exclui da oportunidade nem serve como desculpa para elas não terem a obrigação de aprender a serem caridosas.

A regra para nós é perfeitamente simples. Não perca seu tempo se preocupando se você "ama" o seu vizinho: aja como se o amasse. Assim que fazemos isso, descobrimos um dos grandes segredos. Quando você começa a se comportar como se amasse alguém, vai acabar amando mesmo. Se você for ofender uma pessoa de quem não gosta, vai acabar desgostando dela ainda mais. Por outro lado, se fizer algo de bom a ela, em contrapartida vai acabar desgostando dela menos. É claro que há uma exceção. Se você lhe fizer esse bem não para agradar a Deus e nem para obedecer à lei da caridade, mas para lhe mostrar que camarada bacana e pronto a perdoar você é, e, assim, colocá-la em dívida com você e ficar à espera de "gratidão", provavelmente ficará desapontado. (As pessoas não são tolas: elas enxergam o exibicionismo ou a politicagem de longe.) Mas sempre que fazemos o bem ao outro só porque se trata de um ser (como nós) criado por Deus e desejamos a felicidade dele como desejamos a nossa, devemos ter aprendido a amá-lo um pouco mais ou, pelo menos, a desgostar dele um pouco menos.

Consequentemente, embora a caridade soe como uma coisa bastante fria para pessoas cuja cabeça está cheia de sentimentalismo, e embora ela seja bem diferente da afeição propriamente dita, direciona-nos a esta última. A diferença entre um cristão e um ímpio não é que este último tem apenas afeições ou "simpatias" e o cristão, somente "caridade". A pessoa não cristã é legal com certas pessoas porque "gosta" delas: já o cristão, tentando ser legal com todos, acaba gostando de cada vez mais pessoas ao longo da vida — inclusive pessoas das quais ele não conseguiria imaginar gostar no começo. Essa mesma lei espiritual trabalha de forma terrível na direção oposta. Os alemães talvez tenham tratado mal aos judeus de início porque os odiavam, mas depois passaram a odiá-los ainda mais porque lhes tratavam mal. Quanto mais cruel você é, mais odiará; e, quanto mais você odeia, mais cruel vai se tornar — e assim por diante, num ciclo vicioso eterno.

O bem e o mal crescem numa PG (Progressão Geométrica). É por isso que as mínimas decisões que você e eu tomamos no dia a dia são de importância infinita. A menor boa ação de hoje é a captura de um ponto estratégico do qual, alguns meses mais tarde, você poderá estar em condições de prosseguir para vitórias com as quais nunca sonhou. Uma concessão aparentemente trivial hoje a um desejo ou raiva representa a perda de uma montanha, uma linha férrea ou ponte com que o inimigo poderia preparar um ataque que, do contrário, seria impossível.

Alguns autores usam a palavra "caridade" para descrever não apenas o amor cristão entre seres humanos, mas também o amor de Deus pelo ser humano e deste por Deus. As pessoas muitas vezes ficam preocupadas quanto ao segundo desses dois amores. Elas ouvem que devem amar a Deus, mas não conseguem encontrar nenhum sentimento como esse dentro de si. Então, o que devem fazer? A resposta é a mesma que a anterior. Aja como se você o sentisse. Não fique aí tentando fabricar sentimentos. Pergunte-se a si mesmo: "Se eu tivesse certeza de que amo a Deus, o que eu faria?" Quando encontrar a resposta, vá e aja de acordo.

De uma maneira geral, o amor de Deus por nós é um assunto sobre o qual se deve refletir com muito mais cuidado do que o nosso amor por ele. Ninguém consegue ter sentimentos piedosos o tempo todo, e, mesmo se conseguisse, o fato é que os sentimentos não são a preocupação principal de Deus. O amor cristão, seja com relação a Deus, seja com relação ao ser humano, é uma questão de vontade. Se estivermos tentando fazer a sua vontade, estaremos obedecendo ao seu mandamento: "Ame o Senhor, o seu Deus". Ele nos dará sentimentos de amor se assim o desejar. Não podemos criá-los para nós mesmos, e não devemos demandá-los como um direito. Mas o grande lembrete é que, embora nossos sentimentos sejam instáveis, o amor dele por nós não é. Ele não se desgasta por causa dos pecados que cometemos ou por nossa indiferença; e, portanto, ele é implacável em sua determinação de que devemos ser curados daqueles pecados a todo o custo, seja para nós, seja para ele.

CAPÍTULO 10

Esperança

A Esperança é uma das virtudes teologais. Isso significa uma visão constantemente voltada para a frente, para o mundo eterno, não é (como algumas pessoas modernas pensam) uma forma de escapismo ou ilusão, mas uma atitude típica de um cristão. Isso não significa que devamos deixar o mundo presente do jeito que está. Quem investiga os registros da história descobre que os cristãos que fizeram mais pelo mundo presente foram justamente aqueles que mais pensaram no porvir. Os próprios apóstolos, que possibilitaram a conversão do Império Romano, os grandes homens que construíram a Idade Média, os protestantes ingleses que aboliram a escravidão, todos deixaram a sua marca na Terra justamente porque suas mentes estavam ocupadas com o Céu. Desde que os cristãos deixaram de pensar amplamente no mundo vindouro, tornaram-se ineficazes neste mundo. Aspire ao Céu, e terá a terra de "lambuja"; aspire à Terra, e não terá nenhum dos dois. Parece uma regra estranha, mas algo semelhante pode ser observado em outros campos. A saúde é uma grande bênção, mas, na mesma hora em que você faz dela seu objetivo supremo e direto, você se torna um hipocondríaco que fica imaginando o que pode estar errado com você. Você só terá chance de ter boa saúde se desejar outras coisas além disso — comida, jogos, diversão, ar puro. Da mesma forma, nunca devemos querer salvar a civilização enquanto ela for o nosso objetivo principal. Temos de aprender a desejar outra coisa ainda mais do que desejamos isso.

A maioria de nós acha muito difícil desejar o "Céu" — exceto no sentido de que o "Céu" signifique reencontrar os nossos amigos que morreram. Uma das razões para essa dificuldade é a nossa criação, visto que toda a nossa educação tende a fixar nossa mente neste mundo. Outro motivo é que, quando o desejo real pelo Céu está presente em nós, não o reconhecemos. Se as pessoas tivessem a capacidade de examinar seu coração, saberiam que o que desejam, e o fazem de forma contundente, é algo que não se pode obter neste mundo. Há tantas coisas neste mundo nos prometendo aquilo que desejamos, mas que nunca cumprem a promessa. O anseio que é despertado em nós quando nos apaixonamos pela primeira vez, ou pensamos em morar num país estrangeiro, ou nos dedicamos a um assunto que realmente nos empolga, tudo se resume a desejos que nenhum casamento, viagem ou aprendizado pode realmente satisfazer. Não estou falando aqui do que corriqueiramente se chama de casamento ou de férias ou de carreiras de estudo que causaram frustração por não as conseguirmos. Estou falando das melhores opções possíveis em cada uma dessas áreas. Havia algo a que nos agarramos no primeiro momento do desejo que simplesmente desvaneceu quando ele se tornou realidade. Penso que isso que estou falando seja do conhecimento de todos. A companheira pode até ser uma boa esposa, e os hotéis e a vista podem ter sido excelentes e a química pode ser um emprego muito interessante, mas algo se evadiu de nós. Agora, há duas formas erradas de lidar com esse fato, e outra que é a certa:

1. **À Moda dos Tolos** — Eles põem a culpa nas coisas em si. Passam a vida toda pensando que, se ao menos tentassem ter outra mulher, ou ter direito a férias mais dispendiosas, ou qualquer outra coisa, então, desta vez, eles verdadeiramente terão alcançado o objetivo misterioso atrás do qual todos nós estamos. A maioria das pessoas entediadas, descontentes e ricas deste mundo é composta de gente desse tipo. Essas pessoas passam a vida toda trocando de parceiro como se troca de camisa (com a ajuda dos cartórios), vivem de continente em continente, passando de hobby para hobby, pensando toda vez que a última escolha será finalmente "pra valer", mas continuam sempre decepcionadas.

2. **À Moda dos "Sensatos" Desiludidos** — Eles logo decidem que tudo isso é ilusão. "É claro", eles dizem, "que a gente se sente assim quando é jovem, mas, quando se chega a uma certa idade, você para de ficar buscando o fim do arco-íris". Assim, eles sossegam e aprendem a não esperar demais e reprimem a parte de si que costumava, como eles diriam, "sonhar com o impossível".

Certamente esta é uma forma muito melhor do que a primeira e torna a pessoa muito mais feliz, além de ser um incômodo muito menor para a sociedade. Isso tende a tornar essa pessoa arrogante (ela estará apta a ser bem superior com relação ao que ela chama de "adolescentes"), mas, de maneira geral, ela se vira bem e se sente confortável. Essa seria a melhor linha que poderíamos seguir se as pessoas não vivessem para sempre. Mas suponha que a felicidade eterna exista realmente e esteja esperando por nós. Suponha que se possa atingir o fim do arco-íris. Nesse caso, seria uma pena descobrir tarde demais (no instante seguinte à morte) que, por causa do nosso alegado "bom senso", tenhamos sufocado em nós a possibilidade de desfrutar da felicidade.

3. **À Moda Cristã** — O cristão diz: "As criaturas não nasceriam com desejos se não existisse a satisfação para esses desejos. Um bebê sente fome: muito bem, existe a comida. Um pato deseja nadar: muito bem, existe a água. Os seres humanos sentem desejo sexual: muito bem, existe o sexo. Ao descobrir em mim um desejo que nenhuma experiência deste mundo poderia satisfazer, a explicaçao mais provável é que eu tenha sido feito para outro mundo. Se nenhum dos meus prazeres terrenos consegue me satisfazer, isso não prova que o universo é uma fraude. Provavelmente os prazeres terrenos nunca tivessem tido a intenção de satisfazer esse desejo, de apenas despertá-lo para levá-lo à satisfação real. Nesse caso, tenho de cuidar, por um lado, para nunca desprezar ou ser ingrato por essas bênçãos terrenas e, por

outro, nunca tomá-las equivocadamente por algo mais do que elas são: meras cópias, eco ou miragem. Tenho de manter vivo em mim o desejo pelo meu verdadeiro país de destino, aquele que não encontrarei antes da minha morte; nunca devo deixar que ele me sufoque ou fique de lado; a jornada para esse outro mundo e a ajuda para que os outros façam a mesma coisa devem se tornar o objeto principal da vida".

Não há necessidade de se preocupar com pessoas debochadas, que tentam ridicularizar a esperança cristã pelo Céu dizendo que não desejam "passar a eternidade tocando harpa". A resposta a pessoas assim é que, se elas não conseguem entender livros escritos para adultos, não deveriam falar sobre eles. Todo o imaginário das Escrituras (harpas, coroas, ouro etc.) é uma tentativa meramente simbólica de expressar o inexprimível. Os instrumentos musicais são mencionados porque, para muita gente (nem todos), a música é algo familiar na vida presente que mais fortemente sugere o êxtase e a eternidade. As coroas são mencionadas para sugerir o fato de que aqueles que estão unidos com Deus na eternidade compartilham o seu esplendor, seu poder e sua alegria. O ouro é mencionado para sugerir a perenidade do Céu (o ouro não enferruja) e a preciosidade disso. Aqueles que tomam esses símbolos literalmente poderiam muito bem pensar também que, quando Cristo nos disse para sermos como as pombas, ele quis dizer que era para botarmos ovos.

CAPÍTULO 11

Fé

Devo falar neste capítulo sobre o que os cristãos chamam de Fé. Basicamente, a palavra Fé parece ser usada pelos cristãos em dois sentidos ou em dois níveis, que serão tratados separadamente. No primeiro sentido, ela significa simplesmente crença — aceitar ou referir-se às doutrinas do cristianismo como verdadeiras. Isso é razoavelmente simples. Mas o que intriga as pessoas — pelo menos isso costumava me intrigar — é o fato de que os cristãos se refiram à fé, nesse sentido, como uma virtude. Eu costumava me perguntar como poderia a fé ser uma virtude — o que há de moral ou imoral em acreditar ou não em um conjunto de afirmações? Obviamente, como eu costumava dizer, uma pessoa em sã consciência aceita ou refuta qualquer afirmação não porque esteja ou não esteja a fim, mas porque as evidências lhe parecem boas ou ruins. Se estivesse errada sobre a validade da evidência, isso não significaria que é uma má pessoa, mas apenas que não é muito inteligente. E seria pura estupidez se, sabendo que a evidência é insuficiente, se forçasse a acreditar nela assim mesmo.

Bem, continuo pensando assim. Mas o que eu até então não percebia — e uma boa parte das pessoas ainda não o faz — era isto: eu estava presumindo que, se a mente humana aceita uma coisa como verdadeira uma vez, ela continuará a se referir a ela automaticamente como verdadeira até que surja alguma razão real para reconsiderar o caso. Na verdade, eu estava partindo do pressuposto de que a mente humana é completamente regida pela razão, mas ela não é. Vou dar um exemplo: minha razão está perfeitamente convencida, por evidências suficientes, de que os anestésicos não vão me sufocar e que os cirurgiões adequadamente treinados não começariam a cirurgia enquanto eu estivesse consciente. Mas isso não altera o fato de que, quando eles me deitarem na maca e cobrirem o rosto com suas máscaras assustadoras, um pânico meramente infantil toma conta de mim. Começo a me imaginar sufocando de medo de que eles comecem a me cortar antes de eu estar apropriadamente sedado. Em outras palavras, eu perco a minha fé nas anestesias. Não é a razão que está tirando a minha fé: pelo contrário, minha fé está fundada na razão; o problema são minha imaginação e as minhas emoções. A batalha está sendo travada entre fé e razão, de um lado, e emoção e imaginação, de outro.

Ao parar para pensar, vamos nos lembrar de vários exemplos similares. Um homem sabe, com base em evidências perfeitamente suficientes, que a bela garota que conhece é mentirosa e não sabe guardar segredos e, portanto, não é digna de confiança; mas, quando ele está com ela, sua mente perde a fé no conhecimento que ele tem dela e começa a pensar: "Quem sabe ela será diferente desta vez", e novamente se faz de bobo e lhe conta algo que não deveria contar. Resumindo, seus sentidos e suas emoções destruíram sua fé no que ele sabe que é realmente verdade. Ou tomemos o exemplo do menino que está aprendendo a nadar. Sua razão sabe perfeitamente bem que um corpo humano não vai necessariamente afundar na água se não tiver apoio, e ele viu dezenas de pessoas boiarem e nadarem. Mas a questão fundamental é se ele estará em condições de seguir confiando nisso quando o seu instrutor soltá-lo e deixá-lo na água por sua própria conta — ou se vai deixar de acreditar nisso e entrará em pânico para então afundar.

É exatamente isso que acontece com o cristianismo. Não estou pedindo que ninguém o aceite se, no exercício de sua racionalidade, encontrar evidências que pesem contra ele. Esse não é o ponto pelo qual a Fé se manifesta. Imagine, por outro lado, que a razão de uma pessoa decida fazê-la converter-se ao cristianismo. Posso dizer o que acontecerá com esse indivíduo nas semanas seguintes. Chegará um momento em que ou haverá más notícias, ou ele estará em apuros, ou estará vivendo em meio a um monte de pessoas que não creem nisso e todas as suas emoções se levantarão de uma vez e executarão uma espécie de bombardeio contra a sua fé. Ou então chegará o momento em que esse indivíduo vai desejar uma mulher, ou contar uma mentira, ou vai se sentir muito satisfeito consigo mesmo, ou ainda vai ver uma chance de ganhar um pouco de dinheiro de alguma forma que não seja perfeitamente legal — na verdade, um momento em que seria conveniente que o cristianismo não fosse verdadeiro. E, mais uma vez, suas vontades e seus desejos vão bombardeá-lo sem dó. Não estou falando de momentos nos quais surgem quaisquer novas razões contra o cristianismo, pois estas devem ser encaradas e esse é um caso diferente. Estou falando de momentos em que um mero estado de espírito se levanta contra ele.

Mas a palavra Fé, no sentido em que estou empregando aqui, é a arte de aderir a coisas que a sua razão já aceitou, apesar de seus estados de espírito inconstantes, pois os humores vão mudar independentemente da visão que sua razão assuma. Sei disso por experiência. Agora que sou cristão, realmente tenho um estado de espírito em que tudo na religião me parece muito improvável, mas, quando era ateu, havia momentos em que eu me sentia como se o cristianismo fosse terrivelmente provável. Essa revolução em nossos estados de espírito contra nosso ser real acontecerá de qualquer jeito, por isso a Fé é uma virtude tão necessária; pois, a menos que você ensine aos seus estados de espírito onde eles devem "repousar", nunca poderá ser nem um cristão sensato nem um ateu sensato, mas apenas uma criatura que vive se debatendo e cujas crenças realmente dependem das condições do tempo ou do estado de sua digestão. Consequentemente, é preciso desenvolver o hábito da Fé.

O primeiro passo é reconhecer o fato de que os estados de espírito mudam; em seguida, é preciso ter certeza de que, uma vez que você tenha aceitado o cristianismo, então algumas de suas doutrinas principais devem ser mantidas todos os dias de maneira deliberada em sua mente por algum tempo. É por esse motivo que as orações diárias, as leituras religiosas e a frequência aos cultos são necessárias à vida cristã, pois temos de ser continuamente lembrados daquilo em que acreditamos. Nem essa crença nem alguma outra se manterá viva em nossa mente automaticamente, logo, elas precisam ser alimentadas. E, na verdade, ao examinar uma centena de pessoas que perderam a fé no cristianismo, fico me perguntando quantas delas se revelariam pessoas que se afastaram por uma argumentação honesta. Não é verdade que a maioria simplesmente se desvia?

Agora, vou me voltar para a Fé no segundo e mais alto sentido, e essa é a coisa mais difícil que eu tive de enfrentar até hoje. Gostaria de abordá-la retomando o tema da humildade. Você deve lembrar quando eu disse que o primeiro passo em direção à humildade era dar-se conta de que é uma pessoa orgulhosa. Gostaria de acrescentar agora que o passo seguinte é fazer uma tentativa séria de praticar as virtudes cristãs. Uma semana não é suficiente. As coisas muitas vezes andam de vento em popa pela primeira semana. Experimente seis semanas. A essa altura, tendo, até onde se pode ver, caído completamente ou descido a um ponto mais baixo do que aquele a partir do qual se começou, teremos descoberto algumas verdades a respeito de nós mesmos. Ninguém sabe o quanto é mau enquanto não tiver se esforçado muito para ser bom. Há uma ideia tola, que por sinal é muito divulgada, a de que pessoas boas não sabem o que significa serem tentadas. Essa é uma mentira deslavada. Apenas aqueles que buscam resistir à tentação sabem o quanto ela é forte. Afinal de contas, só descobrimos a força do exército alemão lutando contra ele, e não nos rendendo à sua força. Só descobrimos a força do vento, quando tentamos andar no sentido contrário a ele, e não quando nos deitamos no chão. Uma pessoa que cede à tentação depois de cinco minutos simplesmente não sabe o que teria acontecido uma hora depois. É por isso que pessoas más, em certo sentido, sabem muito pouco a respeito da maldade, uma vez que vivem numa redoma pelo fato de sempre cederem. Só descobrimos a força do impulso maligno dentro de nós quando tentamos lutar contra ele; e Cristo, por ter sido o único homem que nunca cedeu à tentação, também é o único homem que conhece o que significa realmente ser tentado — ele é o mais realista de todos. Muito bem, então. O ponto principal que aprendemos da tentativa séria de praticar as virtudes cristãs é que falhamos. Se houve alguma ideia de que Deus tenha nos submetido a algum tipo de exame e que devemos adquirir boas notas por mérito, tal noção tem de ser eliminada. Se houve alguma ideia de uma espécie de barganha — qualquer ideia de que poderíamos desempenhar nossa parte no contrato e, assim, pôr Deus em nossa lista de devedores, de modo que seja seu dever, por mera justiça, cumprir com sua parte —, essa ideia também deve ser afastada.

Penso que todos que possuem uma fé vaga em Deus tenham na mente essa ideia de exame ou barganha, até se tornarem cristãos. O primeiro resultado do cristianismo real é eliminar essa ideia. Quando eles a aniquilam, algumas pessoas pensam que isso significa que o cristianismo é um equívoco e desistem. Eles parecem imaginar que Deus é muito simplista, e, na realidade, é claro que ele sabe de tudo a esse respeito. Uma das coisas precisas que o cristianismo foi designado a fazer é acabar com essa ideia. Deus esteve esperando pelo momento em que você percebe que não se trata de obter uma nota para passar no exame ou de colocá-lo em dívida com você.

Em seguida, vem outra descoberta. Cada uma de suas faculdades, sua capacidade de pensar e de mover os lábios a cada minuto, tudo é dado por Deus. Ainda que você dedicasse cada momento de sua vida exclusivamente ao serviço dele, não poderia lhe dar nada que, em certo sentido, já não fosse dele. Sendo assim, quando alguém diz que está fazendo alguma coisa para Deus ou dando alguma coisa a ele, vou dizer a você o que isso se parece. É como se uma criancinha fosse até o seu pai e dissesse: "Pai, dê-me algum dinheiro para comprar-lhe um presente de aniversário". É claro que o pai vai fazer isso, e fica contente com o presente da criança. Isso é tudo muito bonitinho e apropriado, mas só um idiota pensaria que o pai foi lesado na transação. Quando uma pessoa faz essas duas descobertas, Deus poderá entrar em ação de fato, e é só depois disso que a vida real começa. Só agora que a pessoa acordou. Sendo assim, podemos agora passar a falar da Fé no segundo sentido.

CAPÍTULO 12

Fé

Quero começar dizendo algo sobre o qual gostaria que todos prestassem a máxima atenção. É o seguinte. Se este capítulo não significar nada para você, se ele parecer ter a intenção de responder perguntas que você nunca fez, encerre a leitura imediatamente. Não lhe dê a menor atenção. Há certas coisas no cristianismo que podem ser entendidas a partir de fora, antes de você ter se tornado um cristão, mas há uma quantidade bem maior de coisas que não podem ser compreendidas antes de você ter percorrido um bom trecho da estrada da fé cristã. Estas coisas são puramente práticas, embora não pareçam. São direcionamentos para lidar com encruzilhadas particulares e obstáculos na estrada, e não fazem sentido enquanto a pessoa não tiver chegado a esses lugares. Sempre que você deparar com uma afirmação nos escritos cristãos que não consegue compreender, não se preocupe. Deixe estar. Virá o dia, talvez só daqui a alguns anos, em que você reconhecerá, de repente, o que ela significa. Se você fosse entender isso na hora, só lhe faria mal.

É claro que tudo isso depõe tanto contra mim como contra qualquer outra pessoa. O que estou tentando explicar neste capítulo pode estar além da minha compreensão. Posso estar achando que cheguei lá quando, na verdade, não o fiz. Então, resta-me apenas pedir aos cristãos instruídos para analisarem tudo com muito cuidado para me dizerem onde foi que eu errei; e aos demais, a ouvirem o que tenho a dizer com cautela — vendo-o como algo que foi oferecido porque pode servir de ajuda, não porque eu tenho certeza de que estou certo.

Estou tentando falar da Fé no segundo sentido, o mais elevado. Acabei de dizer que a questão de Fé, nesse sentido, surge depois que uma pessoa tenha se esforçado ao máximo para praticar as virtudes cristãs e descoberto que falhou, e visto que, mesmo se ela conseguisse, estaria apenas dando de volta para Deus o que já pertencia a ele. Em outras palavras, ela descobre a própria falência. Mais uma vez, digo que o que importa para Deus não são nossas ações propriamente ditas; o que importa para ele é que sejamos criaturas possuidoras de certo tipo ou qualidade — o tipo que ele pretendeu que fôssemos —, criaturas relacionadas a ele de certa forma. Não vou acrescentar aqui: "e se relacionem de certa forma uns com os outros", porque isso já está implícito, pois, se você estiver de bem com Deus, inevitavelmente estará de bem com todos os que o rodeiam, da mesma forma que, se todos os raios de uma roda estiverem bem encaixados no centro e no aro ao qual são atados, estarão na posição certa uns em relação aos outros. Na verdade, enquanto pensarmos em Deus como um tipo de examinador nos passando um trabalho escolar, ou como a outra parte de algum tipo de barganha — enquanto estivermos pensando em termos de reivindicações e contrarreivindicações entre nós e Deus —, ainda não estaremos numa posição certa em relação a ele. Aquele que age assim não entende muito bem quem é nem quem Deus é, e não consegue assumir a posição certa, porquanto, não é capaz de descobrir a própria falência.

Quando eu falo em "descobrir", quero dizer isso mesmo, ou seja, não o disse simplesmente da boca para fora. É claro que qualquer criança que receber algum tipo de educação religiosa logo aprenderá que não temos nada a oferecer a Deus que já não seja dele, e que falhamos em oferecer até mesmo isso, sem querer guardar algo para nós. Mas estou falando de deparar com algo real, uma descoberta de verdade baseada na experiência pessoal.

Agora, nesse sentido, só poderemos descobrir nossa incapacidade de manter a lei de Deus depois de termos concentrado o máximo de esforços (e depois falhando) em mantê-la. Se não tentarmos de verdade, não importam nossas alegações, teremos sempre a ideia no nosso subconsciente de que, se tentarmos com mais afinco da próxima vez, teremos sucesso em nos tornar completamente bons. Assim, em certo sentido, a estrada de volta para Deus é a estrada do esforço moral, de empenhar-se cada vez mais; mas, em outro sentido, não é o esforço que nos levará de volta para casa. Todos esses esforços estão nos levando ao momento vital em que dizemos a Deus: "O Senhor é que terá de fazer isso, pois eu não consigo". Eu lhe imploro, por favor, que não comece a se perguntar: "Será que eu já cheguei a esse ponto?" Não fique aí sentado, divagando para ver se já está chegando lá, pois isso o levará na direção errada. Quando acontecem as coisas mais importantes da nossa vida, muitas vezes, naquele momento, nem nos damos conta do que está acontecendo. Uma pessoa nem sempre está em condições de constatar: "Opa! Estou amadurecendo". Muitas vezes é só quando olhamos para trás que nos damos conta do que aconteceu e, então, reconhecemos aquilo que as pessoas chamam de "amadurecimento". Você pode perceber esse fenômeno até em coisas mais simples. Uma pessoa que começa a especular, ansiosa, se vai conseguir dormir, tem grande probabilidade de ficar horas acordada. Da mesma forma, o fenômeno ao qual estamos nos referindo agora pode não acontecer com todo mundo em um passe de mágica — como aconteceu com o apóstolo Paulo e Bunyan — mas, pode se dar de forma tão gradativa que ninguém seja capaz de apontar uma hora ou ano particular em que tenha acontecido. E o que importa é a natureza da mudança em si, e não como nos sentimos enquanto está acontecendo. É a mudança da confiança em nossos próprios esforços para o estado em que desistimos de fazer qualquer coisa por esforço próprio e deixamos tudo por conta de Deus.

Sei que as palavras "deixar por conta de Deus" podem ser mal compreendidas, mas vamos deixar assim por enquanto. O sentido em que um cristão deixa as coisas por conta de Deus é que ele deposita toda a sua confiança em Cristo, isto é, acredita que Cristo, de alguma forma, compartilhará com ele a obediência humana perfeita que ele assumiu desde o seu nascimento até a sua morte de cruz; que Cristo tornará o homem um ser mais à sua semelhança e, em certo sentido, compensará suas deficiências. Na linguagem cristã, ele compartilhará sua "condição filial" conosco, fazendo de nós "Filhos de Deus", como ele mesmo — no Livro IV, tentarei analisar melhor o sentido dessas palavras. Se você preferir colocar de outra maneira, Cristo oferece algo por nada; na verdade, ele oferece tudo por nada. Em certo sentido, toda a vida cristã consiste precisamente em aceitar essa oferta magnífica, mas o difícil mesmo é chegar ao ponto de reconhecer que tudo o que fizemos e podemos fazer se resume a nada. Queríamos mais é que Deus considerasse nossos pontos positivos e ignorasse os negativos, ou, em outras palavras, poderíamos dizer que, em certo sentido, nenhuma tentação jamais será superada enquanto não pararmos de tentar superá-la — ou seja, temos de jogar a toalha. Mas, por outro lado, você não poderia "parar de tentar" da forma correta e pelo motivo certo enquanto não tiver tentado com todas as suas forças. E, em outro sentido, entregar tudo a Cristo é claro que não quer dizer que iremos parar de tentar. É evidente que confiar nele significa tentar fazer tudo o que ele diz, pois não haveria sentido em dizer que você confia em uma pessoa se não segue o seu conselho. Assim, se você realmente se entregou a ele, podemos concluir que esteja tentando obedecer-lhe. Contudo, está tentando fazê-lo de uma maneira que seja nova e menos ansiosa. Não deseja fazer essas coisas para tentar ser salvo, mas porque ele já começou a salvá-lo; não as faz esperando obter o Paraíso como recompensa de suas ações, mas inevitavelmente querendo agir de determinada maneira porque já tem dentro de si um primeiro vislumbre ainda que tênue da habitação celeste.

Os cristãos sempre se envolveram em discussões em torno de saber se o que os leva de volta para casa são as boas ações ou a Fé em Cristo. Não tenho nenhum direito de falar sobre um assunto tão difícil, mas me parece que isso é como perguntar qual das lâminas de uma tesoura é a mais necessária. Só um esforço moral sério pode nos levar ao ponto de jogar a toalha, mas a Fé em Cristo é a única coisa que vai salvar-nos do desespero quando chegar a esse ponto, e é da Fé que as boas ações devem inevitavelmente surgir. Certos grupos cristãos do passado acusavam outros grupos de parodiar a verdade de duas formas. Talvez elas esclareçam melhor a verdade. Um grupo dizia: "Fazer boas ações é tudo o que interessa. A melhor boa ação que há é a caridade, e o melhor tipo de caridade é a doação em dinheiro. O melhor destino da doação de dinheiro é a igreja, logo, entregue-nos £10.000 e garantiremos sua entrada nos Céus". A resposta a essa bobagem com certeza seria que as boas ações feitas por esse motivo, com a ideia de que os Céus possam ser comprados, sequer seriam boas ações, mas apenas especulações comerciais. O outro grupo seria acusado de dizer: "A fé é tudo o que interessa. Consequentemente, se você tem fé, não importa o que faça. Peque à vontade, meu filho, e divirta-se, pois, para Cristo, isso não fará diferença no final". A resposta a essa outra bobagem é que, se o que você chama de "fé" em Cristo significa não ligar a mínima para o que ele diz, então não se trata de Fé nenhuma — nem de fé, nem de confiança nele, mas apenas de aceitação intelectual de alguma teoria sobre ele.

A Bíblia parece realmente selar a questão quando reúne as duas coisas em uma só sentença surpreendente. A primeira parte diz: "ponham em ação a salvação de vocês com temor e tremor" — que nos dá a impressão de que tudo depende de nós e de nossas boas ações. Mas a segunda parte completa: "Pois é Deus que efetua em vocês tanto o querer quanto o realizar", que dá a ideia de que Deus faz tudo, e nós, nada. Temo que esse seja o tipo de coisa que temos de confrontar no cristianismo e fico intrigado com isso, mas não surpreso. Veja que estamos tentando entender e separar em compartimentos estanques o que Deus faz e o que os seres humanos fazem, enquanto Deus e os seres humanos estão trabalhando juntos. E é claro que, de início, pensamos que é como se dois homens estivessem trabalhando juntos, de modo que você pode dizer: "Ele fez esta parte e eu fiz aquela". Mas essa forma de pensar está equivocada. Deus não é assim. Ele está dentro de você tanto quanto fora, e, mesmo se você conseguisse entender quem fez o quê, não acho que a linguagem humana poderia expressar tal entendimento adequadamente. Na tentativa de expressá-lo, diferentes igrejas dizem coisas diferentes, mas você descobrirá que, mesmo aqueles que insistem mais fortemente na importância das boas ações lhe dizem que você precisa de Fé; e, mesmo aqueles que insistem mais fortemente na Fé, lhe recomendam praticar boas ações. Em todos os casos, não posso levá-lo mais longe.

Penso que todos os cristãos concordariam comigo se eu dissesse que, embora o cristianismo pareça, à primeira vista, resumir-se a moralidade, deveres, regras, culpa e virtude, ainda assim ele nos leva adiante, para fora de tudo isso, para algo que vai além. Podemos ter, assim, o vislumbre de um país onde não se fala sobre essas coisas, exceto, quem sabe, em uma piada. Lá, todos seriam cheios do que podemos chamar de bondade, como um espelho que se enche de luz. Mas eles não o chamariam de bondade. Não o chamariam de nada. Eles não estariam nem sequer pensando sobre isso, pois estariam ocupados demais olhando para a fonte de onde tudo isso provém. Mas, nesse momento, chegaríamos perto do ponto em que a estrada cruza a margem deste mundo. Nenhum olho pode enxergar muito além disso; mas muitos olhos conseguem enxergar muito além dos meus.

LIVRO IV

Além da personalidade ou os primeiros passos na doutrina da Trindade

CAPÍTULO 1

Criar e gerar

Todos me alertaram para não lhe contar o que vou lhe contar neste último livro. Todos disseram que "o leitor comum não quer Teologia; dê-lhe uma religião simples e prática". Rejeitei o conselho deles, pois não acho que o leitor comum seja assim tão tolo. Teologia significa "ciência de Deus", e penso que qualquer pessoa que queira pensar sobre Deus de alguma maneira gostaria de ter a noção mais clara e precisa possível sobre ele. Vocês não são crianças, então, por que deveriam ser tratados como tais?

De certa forma, entendo bem por que as pessoas andam desanimadas com a Teologia. Lembro-me de que, quando estava dando uma palestra para os pilotos da Força Aérea Real, um oficial idoso e obstinado se levantou e disse: "Toda essa baboseira não me serve de nada. Mas, veja bem, também sou religioso. Eu sei que há um Deus. Eu senti sua presença lá fora, no deserto, à noite: o tremendo mistério. E é exatamente por isso que não acredito nas suas fórmulas e nos seus dogmas que se encaixam perfeitamente a respeito de Deus. Para qualquer um que tenha se encontrado com aquilo que é real, todos eles me parecem bastante insignificantes, pedantes e irreais!"

O fato é que, em certo sentido, até concordo com esse homem. Acredito que provavelmente ele tenha tido uma experiência real com Deus no deserto e, quando retornou dessa experiência para os credos cristãos, imagino que estava, de fato, voltando de algo real para algo menos real. De alguma forma, uma vez que uma pessoa tenha olhado para o oceano a partir da praia, e depois, olhado para um mapa do Atlântico, ela também terá se voltado de algo real para algo menos real, ou seja, voltando-se de ondas de verdade para um pedaço de papel colorido. Mas aí é que está a questão. Admito que o mapa seja apenas um pedaço de papel, mas há duas coisas das quais devemos nos lembrar a respeito dele. Em primeiro lugar, o mapa se baseia no que centenas ou até milhares de pessoas descobriram, navegando pelo oceano Atlântico real. Nesse sentido, tem por trás de si um grande volume de experiências que são tão reais quanto as que se poderia ter a partir da praia; só que, enquanto a sua experiência seria fruto de um único vislumbre, o mapa reúne e engloba todas as demais experiências. Em segundo lugar, se você quiser ir a algum lugar, o mapa é absolutamente necessário. Enquanto você se contentar com caminhadas na praia, suas próprias visões serão muito mais divertidas do que olhar para o mapa, mas o mapa terá mais utilidade do que as caminhadas na praia se você quiser ir aos Estados Unidos.

Ora, a Teologia é como um mapa. O simples aprender e pensar sobre as doutrinas cristãs, se você parar por aí, é algo menos real e menos empolgante do que o tipo de coisa que o meu amigo experimentou no deserto. As doutrinas não são Deus, ou seja, elas são apenas um tipo de mapa; todavia, o mapa é baseado na experiência de centenas de pessoas que tiveram contato real com Deus — experiências que, se comparadas a quaisquer emoções ou sentimentalismos piedosos que tenhamos, são muito elementares e confusas. E, em segundo lugar, se você quiser ir um pouco mais além, será obrigado a usar o mapa. Veja bem, o que aconteceu com aquele homem no deserto pode ter sido real e certamente foi empolgante, mas não deu em nada, ou seja, não o levou a lugar nenhum, e não há nada que se fazer com isso. Na verdade, essa é precisamente a razão por que uma religião vaga — sentir Deus na natureza e coisas semelhantes — é tão atraente. Ela é todo sentimento e nenhum trabalho, ou seja, é como olhar para as ondas a partir da praia. Mas você não consegue chegar a terras novas estudando o oceano desse jeito, e também não vai obter vida nova simplesmente sentindo a presença de Deus nas flores ou na música. Você não chegará a lugar nenhum se ficar examinando mapas sem sair ao mar, mas também não vai ficar muito seguro se sair ao mar sem um mapa.

Em outras palavras, a Teologia é prática, especialmente hoje em dia. Nos velhos tempos, quando havia menos instrução formal e debate, talvez fosse possível avançar com poucas e vagas ideias sobre Deus, mas hoje em dia, não. Todas as pessoas leem e ouvem questões sendo discutidas. Consequentemente, se você não dá ouvidos à Teologia, isso não vai significar ausência de ideias sobre Deus, mas sim a presença de um monte de ideias erradas sobre ele — ideias más, confusas, obsoletas. Pois uma grande quantidade de ideias sobre Deus, disseminadas hoje como se fossem novidades, não são nada além daquelas que os verdadeiros teólogos testaram séculos atrás e rejeitaram. Acreditar na religião popular do mundo moderno é um retrocesso — seria como acreditar que a Terra é plana.

Em termos práticos, a ideia popular do cristianismo não seria a de que Jesus Cristo foi um grande mestre de moral e que, se apenas seguirmos seus conselhos, poderemos estar em condições de estabelecer uma melhor ordem social e evitar outra guerra? Agora, veja bem, isso pode até ter um fundo de verdade, mas não se trata da verdade completa sobre o cristianismo, além de não ter nenhuma importância prática.

É bem verdade que, se formos levar a sério o conselho de Cristo, logo viveríamos num mundo mais feliz. Você nem precisa ir tão longe quanto Cristo. Se fizéssemos tudo o que Platão, Aristóteles ou Confúcio nos disseram para fazer, estaríamos numa situação bem melhor que a de agora. Mas, e daí? Nunca seguimos os conselhos dos grandes mestres, por que deveríamos começar agora? Por que deveríamos estar mais prontos para seguir a Cristo do que a qualquer outra pessoa? Porque ele é o melhor mestre de moral? Mas isso reduz nossas chances de segui-lo. Se não conseguimos aprender as lições elementares, qual é a chance de aprendermos as mais avançadas? Se o cristianismo não significa mais do que uma porção de bons conselhos, então ele não tem tanta importância, pois nunca nos faltaram bons conselhos nos últimos quatro mil anos, e um pouco mais não fará diferença.

Mas, se você for analisar quaisquer escritos cristãos reais, descobrirá que eles estão falando sobre algo bem diferente dessa religião popular. Eles dizem que Cristo é o Filho de Deus (seja lá o que isso quer dizer). Dizem ainda que aqueles que confiam nele também podem se tornar filhos de Deus (seja lá o que isso quer dizer). Dizem, por fim, que a sua morte nos salvou de nossos pecados (seja lá o que isso quer dizer).

Não adianta reclamar de que essas afirmações são difíceis. O cristianismo afirma algo sobre outro mundo, sobre algo que está por trás do mundo que podemos tocar, ouvir e ver. Você pode achar que a reivindicação é falsa, mas, se for verdadeira, o que ela nos diz estaria sujeito a ser algo difícil — pelo menos tão difícil quanto a física moderna, e pelo mesmo motivo.

Agora, o que nos choca mais no cristianismo é a afirmação de que, ao nos associarmos a Cristo, podemos "nos tornar filhos de Deus". A questão é: "Será que já não somos filhos de Deus? Certamente a paternidade de Deus é uma das ideias centrais do cristianismo". Bem, em certo sentido, não há dúvida de que já somos filhos de Deus. Quero dizer, Deus nos trouxe à existência, nos ama e zela por nós, e, nesse sentido, é como um pai. Mas, quando a Bíblia fala de nos "tornarmos" filhos de Deus, obviamente quer dizer algo diferente, e isso nos leva ao centro da Teologia.

Um dos credos diz que Cristo é o Filho de Deus "gerado, não criado"; e acrescenta-se "gerado pelo seu Pai antes de todos os mundos". Por favor, entenda que isso não tem nada a ver com o fato de que, quando Cristo nasceu na Terra como homem, ele era filho de uma virgem. Não estamos refletindo neste momento sobre o nascimento virginal, mas estamos falando de algo que aconteceu antes sequer de a natureza ter sido criada, antes de o tempo ter início. "Antes de todos os mundos" Cristo foi gerado, não criado. O que isso significa?

Não é tão comum usarmos as palavras *gerar* ou *gerado* atualmente, mas todo mundo sabe bem o que elas significam. Gerar é se tornar pai ou mãe de alguém, ao passo que criar é fazer. E a diferença é esta: quando você gera, concebe algo do mesmo tipo que você. Um homem gera bebês humanos, um castor gera castorzinhos e uma ave gera ovos, que se transformam em pequenos pássaros. Mas, quando você cria alguma coisa, faz algo diferente de si mesmo. Uma ave faz um ninho, um castor constrói uma barragem, um homem faz um rádio — ou ele pode fazer algo mais parecido com ele do que um rádio, como uma estátua. Se ele for um escultor suficientemente talentoso, poderá fazer uma estátua que seja bem parecida com ele. Mas, é claro que não é um homem real; ela só se parece com uma pessoa. Ela não consegue respirar ou pensar — em suma, não está viva.

Agora, esse é o primeiro ponto para se deixar claro. O que Deus gera é Deus; da mesma forma que o que o ser humano gera são seres humanos. O que Deus cria não é Deus; da mesma forma que aquilo que o ser humano cria não é ser humano. Eis por que os homens não são filhos de Deus no mesmo sentido que Cristo o é. Podem, de certa forma, se parecer com Deus, mas não são coisas do mesmo tipo. Eles são mais parecidos com estátuas ou imagens de Deus.

Uma estátua tem a forma de um ser humano, mas não está viva. Da mesma forma, o ser humano tem a "forma" ou semelhança de Deus, em um sentido que eu vou explicar, mas não recebeu o mesmo tipo de vida de Deus. Vamos tomar o primeiro ponto (a semelhança do homem com Deus). O espaço é semelhante a ele no tamanho: não que a grandeza do espaço seja do mesmo tipo da grandeza de Deus, mas é uma espécie de símbolo, uma tradução em termos não espirituais. A matéria é como Deus por possuir energia, embora, mais uma vez, é claro que a energia física é algo diferente do poder de Deus. O mundo vegetal é semelhante a ele porque está vivo, e ele é o "Deus vivo", mas essa vida, no sentido biológico, não é a mesma que há em Deus; trata-se apenas de um tipo de símbolo ou sombra desta. Quando chegamos aos animais, porém, achamos outros tipos de semelhança além da vida biológica. A intensa atividade e a fertilidade dos insetos, por exemplo, oferecem uma vaga semelhança inicial da atividade incessante e da criatividade de Deus. Nos mamíferos superiores, temos o início da afeição instintiva. Isso não é o mesmo que o amor existente em Deus, mas ato semelhante — da mesma forma que uma figura, pintada num pedaço de papel plano pode, desse modo, ser "semelhante" a uma paisagem. Quando chegamos ao homem, o mais distinto dos animais, obtemos a semelhança mais completa com Deus de que temos notícia. (Pode haver criaturas em outros mundos que sejam mais semelhantes a Deus do que o homem, mas não sabemos nada sobre elas.) O homem não apenas vive, mas também ama e raciocina: a vida biológica alcança o seu nível mais alto nele de que temos conhecimento.

Mas o que o homem, em sua condição natural, não possui, é a vida espiritual — o tipo de vida superior e diferente que existe em Deus. Usamos a mesma palavra, "vida", para ambas as coisas; mas, se você pensasse que ambos têm de ser o mesmo tipo de coisa, seria como pensar que a "grandeza" do espaço e a "grandeza" de Deus fossem o mesmo tipo de grandeza. Na realidade, a diferença entre a vida biológica e a vida espiritual é tão relevante que eu vou lhes dar dois nomes diferentes. O tipo biológico que vem até nós por meio da natureza e que (como tudo o mais na natureza) está sempre tendendo a entrar em corrupção e se dissipar, de modo que só é capaz de se sustentar por subsídios incessantes da natureza na forma de ar, água, comida etc., é *Bios*. A vida espiritual, que está em Deus desde toda a eternidade e que fez todo o universo natural, é *Zoé*. É certo que *Bios* tem uma semelhança meio vaga ou simbólica com *Zoé*, mas apenas o tipo de semelhança que há entre a foto e o lugar, ou a estátua e um ser humano. Uma pessoa que deixasse de ter *Bios* para ter *Zoé* teria de ter passado por uma transformação tão radical quanto uma estátua que deixasse de ser pedra esculpida para um ser humano real.

É disso precisamente que o cristianismo se ocupa. Este mundo é uma grande loja de esculturas, nós somos as estátuas e há rumores por aí de que alguns de nós, algum dia, despertaremos para a vida.

CAPÍTULO 2

O Deus triúno

O capítulo anterior tratou da diferença entre gerar e criar — uma pessoa gera um filho, mas cria uma estátua. Deus gerou Cristo, mas, o ser humano, Deus apenas o criou. Ao dizer isso, ilustrei apenas um ponto sobre Deus, a saber, que o que Deus, o Pai, gera é Deus, algo do mesmo tipo que ele mesmo. Dessa forma, é semelhante a um pai humano que gera um filho humano, mas não é igual. Tentarei explicar um pouco melhor nas linhas seguintes.

Hoje em dia, a maioria das pessoas diz: "Creio em Deus, mas não num Deus pessoal". Elas intuem que o mistério por trás de todas as demais coisas tem de ser mais do que uma pessoa, e nisso os cristãos concordam. Mas os cristãos são o único povo que oferece alguma ideia de como seria o ser que está além da personalidade. Todas as outras pessoas, embora digam que Deus esteja além da personalidade, na verdade, pensam nele como algo impessoal: isto é, como algo menos do que pessoal. Se você está à procura de algo suprapessoal, algo que é mais do que uma pessoa, então não será uma questão de escolha entre a ideia cristã e as outras ideias: a ideia cristã é a única disponível no mercado.

Além do mais, algumas pessoas pensam que, depois desta vida, ou, quem sabe, depois de várias vidas, as almas humanas sejam "absorvidas" em Deus. Mas, quando elas tentam explicar o que queriam dizer, parece que estão pensando nessa absorção em Deus como se fosse algo material sendo absorvido por outra coisa. Elas dizem que é como uma gota de água escorrendo para o oceano. Mas é claro que esse seria o fim da gota. Se for isso que acontece conosco, então ser absorvido é como deixar de existir. Apenas os cristãos têm alguma ideia de como as almas humanas podem ser levadas à vida de Deus e, ainda assim, permanecerem elas mesmas — aliás, elas permanecem muito mais elas mesmas do que antes.

Eu os avisei de que a Teologia é prática. O único propósito para o qual existimos é sermos trazidos para a vida de Deus. Ideias erradas sobre o que esta vida é tornarão as coisas mais difíceis. E agora peço que me acompanhem por alguns minutos com toda a atenção.

Todos sabem que é possível mover-se de três modos no espaço — para a direita ou para a esquerda, para frente ou para trás, para cima ou para baixo. Não há direção espacial que não seja alguma dessas três ou um meio-termo entre elas. Nós as chamamos de três dimensões. Agora note o seguinte: se você está usando apenas uma dimensão, só poderá desenhar uma única linha reta. Se estiver usando duas, pode desenhar uma figura geométrica, por exemplo, um quadrado, que é feito de quatro linhas retas. Vamos agora dar um passo além. Se você usar as três dimensões, poderá construir o que chamamos de figura sólida, por exemplo, um cubo — algo como um dado ou um torrão de açúcar. E um cubo é feito de seis quadrados.

Você percebe aonde quero chegar? Um mundo unidimensional seria uma linha reta. Em um mundo bidimensional, você ainda tem linhas retas, mas muitas linhas perfazem uma figura. Em um mundo tridimensional, você ainda obterá figuras, mas muitas figuras perfazem um só corpo sólido. Em outras palavras, à medida que você avança para níveis mais complexos, não deixará para trás as coisas que encontrou nos níveis mais simples; na verdade, ainda as terá, embora combinadas de novas maneiras — as quais você não poderia imaginar se conhecesse apenas os níveis mais simples.

Ora, o registro que o cristianismo faz de Deus envolve precisamente o mesmo princípio. O nível humano é bem simples e bastante vazio, e nele uma pessoa é um ser, e quaisquer duas pessoas são dois seres separados — da mesma forma que, em duas dimensões (digamos, sobre um pedaço de papel plano), um quadrado é uma figura e quaisquer dois quadrados são duas figuras separadas. No nível divino, você ainda encontra personalidades, mas lá em cima você as encontra combinadas de novas maneiras que nós, que não vivemos nesse nível, não conseguimos imaginar. Na dimensão de Deus, por assim dizer, você encontra um Ser que são três Pessoas, enquanto permanece sendo um Ser, da mesma forma que o cubo são seis quadrados sendo um único cubo. É claro que não conseguimos conceber completamente um ser como esse, da mesma forma que, se fôssemos feitos de tal modo que só percebêssemos duas dimensões no espaço, nunca poderíamos imaginar um cubo propriamente dito. Mas podemos ter uma vaga noção disso. E, quando nós o fazemos, então estaremos, pela primeira vez na vida, tendo uma ideia positiva, por mais vaga que ela seja, de algo suprapessoal — algo que é mais do que uma pessoa. É algo que nunca poderíamos ter imaginado e, ainda assim, como já nos disseram certa vez, nós intuímos que quase teríamos condições de adivinhá-lo, porque se encaixa tão bem com todas as coisas que já conhecemos.

Talvez você pergunte: "Se não conseguimos imaginar um único Ser tripessoal, qual o sentido de falar sobre ele?" Bem, não há nenhuma vantagem em falar sobre ele. O que importa é ser verdadeiramente atraído para a vida tripessoal, e isso pode começar em qualquer momento — hoje à noite, se você quiser.

Eis o que quero dizer: um cristão comum se ajoelha para fazer as suas preces e, com isso, estará tentando entrar em contato com Deus. Mas, sendo ele um cristão, saberá que é Deus quem está capacitando-o a orar: o Deus, por assim dizer, que está dentro dele. Mas ele sabe também que todo o seu conhecimento real de Deus vem por meio de Cristo, o homem que era Deus — que tem Cristo ao seu lado, ajudando-o a orar, orando por ele. Você consegue ver o que está acontecendo? Deus é o Ser para o qual ele está orando — o objetivo que ele está tentando alcançar. Deus também é o algo dentro dele que o está fazendo seguir em frente — o poder motivador. Deus também é a estrada ou ponte que ele terá de percorrer para alcançar o objetivo. Assim, toda a vida tríplice do Ser tripessoal está realmente se dando nesse pequeno quarto comum onde uma pessoa comum está fazendo suas orações. O homem está sendo arrebatado para um tipo superior de vida — que eu chamei de *Zoé*, ou vida espiritual; ele está sendo arrastado para dentro de Deus, por Deus, ao mesmo tempo que permanece ele mesmo.

E foi assim que a Teologia começou: as pessoas já conheciam Deus de uma forma vaga, então, veio um homem que alegava ser Deus e, ainda assim, não era o tipo de pessoa que se poderia dispensar como um lunático. Ele os fez acreditar nele. Essas pessoas se encontraram com ele novamente depois de o terem visto morto e, então, depois de terem formado uma pequena sociedade ou comunidade, encontraram Deus de alguma forma dentro delas, direcionando-as e capacitando-as a fazer coisas que não conseguiam fazer antes. E, quando elas entenderam tudo isso, descobriram que haviam chegado a uma definição cristã do Deus tripessoal.

Essa definição não é algo que tenhamos inventado: a Teologia é, em certo sentido, uma ciência experimental. São as religiões simples que são inventadas. Quando digo que é uma ciência experimental "em certo sentido", quero dizer que de certo modo é como as outras ciências experimentais, mas não totalmente. Se você é um geólogo que estuda as rochas, tem de sair a campo atrás delas, pois elas não virão até você, e, quando você vai até elas, elas não podem fugir. Você detém a iniciativa do processo. Elas não podem nem ajudar, nem dificultar seu trabalho. Mas suponha que você seja um zoólogo que tem o objetivo de tirar fotos de animais selvagens em seu habitat natural. Isso é um pouco diferente de estudar as rochas.

Os animais selvagens não virão até você, mas eles não apenas podem fugir de você, como o farão, a menos que você se mantenha muito quieto. Podemos observar aqui um pequeno sinal de iniciativa da parte deles.

Agora, passemos a um estágio superior, ao supor que você queira conhecer uma pessoa. Se ela estiver determinada a não deixar isso acontecer, você não vai conhecê-la e terá de conquistar a confiança dela. Nesse caso, a iniciativa está igualmente dividida — são necessárias duas pessoas para que a relação de amizade ocorra.

Quando sua proposta é conhecer a Deus, é ele que tem que tomar a iniciativa. Se ele não se revelar, nada que fizermos vai possibilitar que o encontremos. E, de fato, Deus se mostra muito mais para algumas pessoas do que para outras — não porque ele tenha favoritos, mas porque é impossível para ele revelar-se a uma pessoa cuja mente e cujo caráter estão em péssimas condições. O mesmo ocorre com a luz do sol, que, embora não tenha favoritos, não pode ser refletida em um espelho sujo de forma tão clara quanto em um espelho limpo.

Podemos dizer isso de outra forma: enquanto em outras ciências os instrumentos que usamos são externos a nós (como os microscópios e os telescópios), o instrumento por meio do qual vemos Deus é todo o nosso ser. E, se o ser de uma pessoa não for mantido limpo e brilhante, sua visão de Deus será embaçada — como a Lua vista através de um telescópio sujo. É por este motivo que nações detestáveis têm religiões detestáveis: elas ficam olhando para Deus por uma lente suja.

Deus só pode se revelar como ele realmente é para pessoas reais, e isso não significa simplesmente para pessoas que são individualmente boas, mas para pessoas que são unidas em um corpo, que amam umas às outras e ajudam umas às outras, revelando-o umas às outras. Pois é assim que Deus pretendeu que a humanidade fosse: como os músicos de uma banda ou como os órgãos de um corpo.

Consequentemente, o único instrumento realmente adequado para aprender sobre Deus é a comunidade cristã como um todo, que está reunida à sua espera. A irmandade cristã é, por assim dizer, o aparelhamento técnico dessa ciência — o equipamento laboratorial. Eis por que todas essas pessoas, que aparecem de tempos em tempos com alguma nova religião exageradamente simplificada, inventada por si mesmas como um substituto para a tradição cristã, estão, na verdade, perdendo tempo. É como se alguém que não tivesse nenhuma ferramenta além de um velho binóculo saísse corrigindo todos os autênticos astrônomos. Ele pode até ser um camarada esperto — pode até ser mais inteligente do que alguns astrônomos, mas não terá nenhuma chance, pois, em pouco tempo, todos o terão esquecido completamente, enquanto a ciência de verdade continuará progredindo.

Se o cristianismo fosse algo inventado por nós, é claro que poderíamos torná-lo mais fácil. Mas não é. Não temos como competir, em termos de simplicidade, com pessoas que estejam inventando religiões. Como poderíamos? Lidamos com a realidade como ela se apresenta. Obviamente, somente quem não se importa com a realidade pode agir de modo tão simplório.

CAPÍTULO 3

Tempo e para além do tempo

É bobagem achar que, ao ler um livro, você nunca pudesse "pular" algumas páginas. Todas as pessoas sensatas têm a liberdade de fazer isso quando chegam a um capítulo que acham que não terá utilidade para elas. Neste capítulo, vou falar sobre algo que pode ser útil para alguns leitores, mas que, para outros, pode parecer uma complicação desnecessária. Se você for do segundo tipo de leitor, então eu o aviso para não se preocupar com este capítulo e passar direto para o próximo.

No capítulo anterior, abordei superficialmente a temática da oração, e, enquanto isso estiver fresco em nossas mentes, gostaria de lidar com uma dificuldade que algumas pessoas encontram com relação à verdadeira natureza da oração. Certo homem expressou essa dificuldade ao me dizer: "Posso até acreditar em Deus, tudo bem, o que não consigo engolir é que ele atenda a milhões de seres humanos que o estão acionando ao mesmo tempo". E descobri que muita gente pensa assim.

Agora, a primeira coisa a se notar é que a questão toda se resume à expressão *ao mesmo tempo*. A maioria das pessoas consegue imaginar Deus atendendo a um número infinito de solicitantes, desde que venham um a um e que ele tivesse um tempo infinito para atendê-los. Assim, o que está realmente por trás dessa dificuldade é a ideia de Deus ter de satisfazer muitas coisas em um só instante do tempo.

Bem, isso, sem dúvida, é o que acontece conosco. Nossa vida acontece momento a momento. Um instante desaparece antes de o próximo surgir, e cabe pouca coisa em cada um. É assim que funciona o tempo, e é claro que você e eu partimos do pressuposto de que essa série temporal — esse arranjo de passado, presente e futuro — não é simplesmente a forma como a vida ocorre, mas a forma como todas as coisas existem na realidade. Tendemos a presumir que, assim como nós, o universo todo (inclusive Deus) esteja sempre avançando do passado para o futuro, mas muitos estudiosos não concordam com isso. Foram os teólogos que começaram com a ideia de que algumas coisas não estão sequer no tempo; mais tarde, os filósofos passaram a assumir essa ideia e, agora, alguns cientistas estão seguindo o exemplo.

É quase certo que Deus não esteja no tempo, pois sua vida não consiste em momentos que se seguem sucessivamente. Se um milhão de pessoas está orando para ele às dez e trinta da noite de hoje, ele não precisa ouvi-los todos em um fragmento de tempo que chamamos de 22h30. Essa hora particular — como toda e qualquer hora, desde o princípio do mundo — será sempre presente para ele. Dizendo de outro modo, ele tem toda a eternidade para dar ouvidos à oração-relâmpago lançada para ele por um piloto cujo avião está prestes a cair e explodir.

Isso é difícil de entender, eu sei, mas me deixe tentar ilustrar com algo que, embora não seja igual, é bem parecido com isso. Suponha que eu esteja escrevendo um romance e afirme: "Assim que Maria parou de trabalhar, ouviu uma batida na porta!" Para Maria, que vive nos tempos imaginários da minha história, não havia intervalo entre parar de trabalhar e ouvir a batida, mas eu, que sou o criador de Maria, não vivo absolutamente nesse tempo imaginário. Entre escrever a primeira parte daquela oração e a segunda, eu poderia ter ficado sentado por três horas, imerso em pensamentos sobre Maria. Poderia pensar nela como se ela fosse o único personagem do livro e por quanto tempo eu desejasse, e as horas que eu gastasse fazendo isso não apareceriam de maneira nenhuma no tempo de Maria (o tempo no interior da história).

Sei muito bem que essa não é uma ilustração perfeita, mas ela oferece uma ideia clara do que eu penso ser a verdade. Deus não tem de correr para acompanhar o fluxo do tempo do universo, da mesma forma que um autor não tem de correr junto com o tempo imaginário do seu próprio romance. Deus tem uma atenção infinita para dedicar a cada um de nós e não nos trata como uma massa informe. Você está tão a sós com ele quanto se fosse o único ser que ele já criou. Quando Cristo morreu, ele morreu por você individualmente, como se você fosse o único ser humano do mundo.

A limitação da minha ilustração é a seguinte: nela, o autor sai da sequência temporal (a do romance) somente quando passa para outra sequência temporal (a real). Mas

Deus, conforme creio, não vive em nenhuma sequência temporal. Sua vida não é um driblar de vários momentos como a nossa: para ele, por assim dizer, ainda é 1920 e já é 1960.[1] Pois ele é o próprio existir.

Se você imaginar o tempo como uma linha reta, ao longo da qual possamos viajar, então, tem de imaginar Deus como a página toda em que a linha está traçada. Todos os pontos da linha são alcançados um a um: temos de deixar A para trás a fim de alcançar B, e não podemos atingir C enquanto não deixarmos B para trás. Deus, por sua vez, seja vindo de cima, seja vindo de fora ou de todo o redor, contém toda a linha e a vê por completo.

Vale a pena tentar entender essa ideia, porque ela elimina algumas dificuldades aparentes do cristianismo. Antes de eu me tornar um cristão, uma das minhas objeções era a seguinte: os cristãos dizem que o Deus eterno, que está em todo o lugar e mantém o universo funcionando, um dia tornou-se humano. Muito bem, então, dizia eu, como é que o universo todo continuou funcionando quando ele era um bebê ou estava dormindo? Como é que ele poderia ser Deus, que sabe de todas as coisas, e, ao mesmo tempo, um homem que perguntava aos seus discípulos: "Quem foi que me tocou?" Você vai notar que o pulo do gato está nas palavras que se remetem ao *tempo*: "*Quando* ele era um bebê — como ele poderia *ao mesmo tempo*?" Em outras palavras, estava partindo do

---

[1] Uma referência que, para Lewis, na época em que ele escreveu o original, era futura, que é a ideia que ele quer dar aqui, mas que para nós é passada. [N. T.]

pressuposto de que a vida de Cristo enquanto Deus estava no tempo e que sua vida como o homem, Jesus, da Palestina, foi um período mais curto destacado do tempo — da mesma forma que o período que eu passei no exército foi um tempo mais curto destacado do todo da minha vida. E eis aí a tendência geral de como a maioria de nós pensa com respeito a Deus. Imaginamos Deus vivendo ao longo de um período em que sua vida humana ainda estava no futuro; em seguida, vem um período em que passou a ser presente; depois, ingressando num período em que ele poderia olhar para trás e vê-lo como algo pertencente ao passado. Mas provavelmente essas ideias não correspondem a nada em termos de fatos reais. Não se pode tentar enquadrar a vida terrena de Cristo em quaisquer relações de tempo com a sua vida como Deus, pois ela está para além do tempo e do espaço. Sugiro que, na realidade, trata-se de uma verdade eterna sobre Deus que a natureza e a experiência humana de fraqueza, de sono e de ignorância estejam, de alguma forma, inclusas em toda a sua vida divina; e afirmo que essa é uma verdade eterna sobre a sua natureza. Essa vida humana em Deus é, do nosso ponto de vista, um período particular na história do nosso mundo (do ano do nascimento de Jesus até a sua crucificação); portanto, imaginamos que também seja um período da história da própria existência de Deus. Entretanto, Deus não tem história, pois ele é completa e absolutamente real demais para ter uma. Até porque certamente ter história significa perder parte da nossa realidade (porque ela já deslizou para o passado) e não ter ainda a segunda parte (porque ela ainda está no futuro); na verdade, ter história é não ter nada além de fragmentos do presente que se vão antes de você poder falar sobre ele. Deus nos guarde de pensar nele dessa forma. Até mesmo nós podemos ter a esperança de não sermos relegados a isso.

Outra dificuldade que temos quando acreditamos que Deus está no tempo é esta: todos aqueles que acreditam em Deus creem que ele sabe o que eu e você faremos amanhã. Mas, se ele sabe que vou fazer isto ou aquilo, como é que posso ter a liberdade de fazer outra coisa? Bem, surge aqui mais uma vez a dificuldade de pensar que Deus progrida ao longo de uma linha do tempo, da mesma forma que nós, com a única diferença de que ele é capaz de enxergar o futuro e nós, não. Bem, se isso fosse verdade, se Deus *previsse* nossos atos, seria muito difícil entender como podemos ter a liberdade de não praticá-los. Mas suponha que Deus esteja fora e além da linha do tempo. Nesse caso, o que nós chamamos de "amanhã" é visível para ele da mesma forma que o que chamamos de "hoje". Todos os dias são "agora" para ele. Ou seja, ele não se lembra de você fazendo coisas ontem; ele simplesmente vê você fazendo essas coisas, pois, embora você tenha perdido para sempre o dia de ontem, ele não perdeu. Ele não "prevê" você fazendo coisas amanhã. Ele simplesmente o vê realizando-as, pois, embora o amanhã ainda não ocorreu para você, já é para ele. Você nunca supôs que suas ações neste momento fossem menos livres só porque Deus sabe o que você está fazendo. Bem, ele conhece as suas ações futuras exatamente da mesma forma — porque ele já está no futuro e pode simplesmente observá-las. Em certo sentido, ele não saberá da sua ação enquanto você não agir, porém, no momento em que você tiver agido, já será "agora" para ele.

Essa ideia me ajudou bastante. Se ela não ajudar você, não se preocupe. Trata-se de uma "ideia cristã" defendida por grandes e sábios cristãos, e nada há nela que seja contrário ao cristianismo. Mas ela não está na Bíblia nem em algum dos credos. Você pode ser um cristão perfeitamente bom sem ter de aceitá-la ou até mesmo sem sequer pensar nesse assunto.

CAPÍTULO 4

O bom contágio

Vou iniciar este capítulo pedindo-lhe que forme uma imagem clara em sua mente. Imagine dois livros sobre a mesa, um em cima. Obviamente o livro de baixo serve de apoio ao outro — está dando suporte ao outro. É por causa do livro de baixo que o de cima estará descansando, digamos, a 10 centímetros da superfície da mesa, em vez de estar em contato com a mesa. Vamos chamar o livro de baixo de livro A e o de cima, de livro B. A posição de A será a causa da posição de B. Até aqui, tudo bem? Agora, vamos imaginar — é claro que isso não poderia acontecer de verdade, mas vai servir de ilustração — que ambos os livros ficassem nessa mesma posição o tempo todo. Nesse caso, a posição de B seria sempre consequência da posição de A, mas, da mesma forma, a posição de A não teria existido sem a posição anterior de B — em outras palavras, o efeito não vem *depois* da causa. É claro que os resultados geralmente fazem isto: primeiro você come o pepino e depois tem a indigestão. Mas isso não acontece com todas as causas e efeitos. Você verá mais adiante por que eu acho isso importante.

Algumas páginas atrás, eu afirmei que Deus é um ser que contém três Pessoas sem deixar de constituir um único Ser, da mesma forma que um cubo contém seis quadrados e ao mesmo tempo permanece sendo um só corpo. No entanto, quando eu tento explicar como essas pessoas se relacionam entre si, tenho de usar palavras que fazem parecer que alguma delas tivesse existido antes da outra. A primeira Pessoa é chamada de Pai e a segunda, de Filho. Dizemos que a primeira gera ou produz a segunda, e nós chamamos esse ato *gerar*, e não *criar*, porque o que Deus produz é da mesma espécie que ele. Dessa forma, a palavra Pai é a única adequada, mas, infelizmente, ela insinua que ele tivesse estado lá primeiro — da mesma forma que um pai humano existe antes de seu filho. Mas a coisa não funciona assim. Não há antes e depois nesse caso. E eis por que é tão importante deixar claro que uma coisa pode ser a fonte, ou a causa, ou a origem de outra sem ter estado lá antes. O Filho existe porque o Pai existe, mas nunca houve um tempo em que o Pai ainda não tivesse gerado o Filho.

Talvez a melhor forma de pensar nisso seja a seguinte: acabei de lhes pedir para imaginarem dois livros, e provavelmente a maioria de vocês fez isso. Isto é, você realizou um ato de imaginação que resultou em uma imagem mental. Obviamente, seu ato de imaginar foi a causa, e a imagem mental, o efeito. Mas isso não significa que você tenha primeiro imaginado e depois obtido a imagem. Na verdade, no momento em que você o fez, a imagem já estava lá. Sua vontade estava mantendo a imagem diante dos seus olhos o tempo todo. Entretanto, esse ato da vontade e a imagem se instauraram precisamente no mesmo instante e terminaram na mesma hora. Se houvesse um ser que tivesse existido sempre e estivesse sempre imaginando alguma coisa, ele estaria sempre produzindo uma imagem mental, porém, a imagem seria tão eterna quanto o ato.

Da mesma forma, temos de conceber o Filho, por assim dizer, desde sempre fluindo a partir do Pai, como a luz flui de uma lâmpada, ou o calor flui do fogo, ou pensamentos fluem da mente. Ele é a autoexpressão do Pai — do que o Pai tem a dizer —, e nunca houve um tempo em que esse dizer deixou de ocorrer. Mas você notou o que está acontecendo? Todas essas imagens de luz ou calor dão a impressão de que o Pai e o Filho são duas coisas em vez de duas Pessoas. Desse modo, no fim das contas, a imagem oferecida pelo Novo Testamento de um Pai e de um Filho revela-se mais precisa do que qualquer coisa que tentemos usar para substituí-la. Isso é o que acontece sempre que você se afasta das palavras da Bíblia. Não há problemas em se afastar delas por um momento, se for para deixar algum ponto mais claro, mas você deve sempre voltar a elas. É natural que Deus seja capaz de descrever a si mesmo bem melhor do que nós poderíamos descrevê-lo. Ele sabe que a relação Pai e Filho é mais parecida com a relação entre a Primeira e Segunda Pessoa do que com qualquer outra coisa que possamos imaginar. Mas, o importante é saber que se trata de uma relação de amor. O Pai tem prazer no seu Filho, e o Filho olha para cima, cheio de admiração, para o seu Pai.

Antes de continuarmos, note a importância prática desse conceito. Todo mundo gosta de repetir a declaração cristã de que "Deus é amor", mas as pessoas parecem não notar que as palavras "Deus é amor" não têm sentido real se Deus não contiver pelo menos duas pessoas. O amor é algo que uma pessoa sente por outra. Se Deus fosse uma única pessoa, então, antes de o mundo ter sido feito, ele não era amor. É evidente, nesse caso, que o significado da frase "Deus é amor" para essas pessoas é, muitas vezes, algo bem diferente; o que elas querem dizer, na verdade, é "O amor é Deus". Elas querem dizer, na realidade, que os nossos sentimentos de amor devem ser tratados com grande respeito, independentemente de como e de onde eles surjam, e quaisquer que sejam os resultados que venham a produzir. Talvez seja isso mesmo, mas isso é bem diferente da afirmação cristã: "Deus é amor", pois os cristãos acreditam que a atividade viva e dinâmica do amor esteve agindo desde sempre em Deus e seja a responsável pela criação de todo o restante do mundo.

Eis, aliás, talvez a diferença mais importante entre o cristianismo e todas as demais religiões: no cristianismo, Deus não é algo estático — nem mesmo uma pessoa estática —, mas uma atividade dinâmica, pulsante, uma vida, quase uma espécie de enredo dramático. Ele é quase, espero que você não me tenha como irreverente por isso, uma espécie de dança. A união entre o Pai e o Filho é uma coisa tão viva e concreta que ela em si também é uma Pessoa. Sei que isso é quase inconcebível, mas vamos tentar entender de outro modo. Você sabe que, entre os seres humanos que se reúnem em uma família, em um clube ou em um sindicato, as pessoas falam sobre o "espírito" dessas instituições. Elas falam sobre o seu "espírito" porque os membros individuais, quando estão juntos, realmente desenvolvem formas particulares de falar e de se comportar que eles não teriam adotado se estivessem separados.[2] É como se uma espécie de personalidade comunal viesse à existência. É claro que não é uma pessoa real, é apenas algo parecido com uma pessoa. Mas essa é apenas uma das diferenças entre Deus e nós. O que emana de uma vida comunitária do Pai e do Filho é uma Pessoa real, que é, na verdade, a terceira das três Pessoas que são Deus.

Essa terceira Pessoa é chamada, em linguagem técnica, de Espírito Santo ou "espírito" de Deus. Não fique preocupado ou surpreso se você o achar muito mais vago e mais fantasmagórico para a sua cabeça do que os outros dois. Penso que haja uma razão para que isso seja assim. Na vida cristã, não costumamos olhar *para* ele. Ele está sempre agindo por meio de você. Se você pensa no Pai como algo que está "lá fora", à sua frente, e no Filho como alguém que está ao seu lado, ajudando-o a orar, tentando torná-lo também um filho, então terá de pensar na terceira Pessoa como algo que está dentro de você ou na sua retaguarda. Talvez algumas pessoas achem mais fácil fazer o caminho inverso, começando pela terceira Pessoa. Deus é amor, e esse amor trabalha por intermédio dos homens — especialmente por meio de toda a comunidade de cristãos.

[2] Este comportamento corporativo, é claro, pode ser tanto melhor ou pior que o comportamento individual.

Mas esse espírito de amor é, desde toda a eternidade, um amor que se dá entre o Pai e o Filho.

Mas e daí, qual a importância desse fato? Ora, interessa mais do que qualquer outra coisa no mundo. A dança, ou drama, ou arranjo dessa vida tripessoal deve se passar dentro de cada um de nós; ou (dito de outro modo) cada um de nós tem de entrar nesse arranjo, assumindo o seu lugar na dança. Não há outro caminho que conduza à felicidade para a qual fomos feitos. Como você bem sabe, tanto as coisas boas quanto as ruins são contraídas por uma espécie de contágio. Se você quiser se aquecer, tem de ficar perto do fogo; se quiser se molhar, tem de entrar na água. Se alegria, poder, paz e vida eterna são seus objetivos, tem de se aproximar, ou até adentrar naquilo que os possui. Eles não são uma espécie de prêmio que Deus poderia, se assim quisesse, simplesmente entregar a qualquer pessoa; são uma grande fonte de energia e beleza que jorra a partir do centro da realidade. Se você estiver perto dela, os jatos vão molhá-lo; mas, se não estiver, permanecerá seco. Uma vez unida a Deus, como uma pessoa poderia não viver para sempre? Do mesmo modo, uma vez separada de Deus, o que essa pessoa poderia fazer senão definhar e morrer?

Mas como ela deve se unir a Deus? Como é possível sermos conduzidos à vida trinitária?

Lembre-se do que eu disse no Capítulo 1, do Livro IV, sobre gerar e criar. Não somos gerados por Deus, somos apenas criados por ele; isto é, em nosso estado natural, não somos filhos de Deus, somos apenas (por assim dizer) estátuas. Não obtivemos *Zoé*, ou vida espiritual, apenas *Bios*, ou vida biológica, que está atualmente se dissipando e morrendo. Agora, a oferta completa do cristianismo é a seguinte: no caso de deixarmos Deus traçar nosso caminho, nós poderemos participar da vida de Cristo. Se o fizermos, então estaremos partilhando de uma vida gerada, que não foi criada, que sempre existiu e continuará existindo para todo o sempre. Cristo é o Filho de Deus. Se partilharmos desse tipo de vida, também nos tornaremos filhos de Deus. Devemos amar o Pai como ele o faz, e o Espírito Santo surgirá em nós. Cristo veio a este mundo e se tornou homem para disseminar entre os outros homens o tipo de vida que ele possui — pelo que eu chamo de "bom contágio". Todo cristão deve se tornar um pequeno Cristo. Esse é todo o propósito de se tornar um cristão. Simples assim.

CAPÍTULO 5

Os obstinados soldadinhos de chumbo

O Filho de Deus se tornou homem para permitir aos homens se tornarem filhos de Deus. Nós não sabemos — em todo o caso, eu não sei — como as coisas poderiam ter sido se a humanidade nunca tivesse se rebelado contra Deus e aderido ao inimigo. Talvez toda pessoa vivesse "em Cristo" e partilhasse da vida do Filho de Deus desde o momento de seu nascimento. Quem sabe a vida que chamamos de *Bios*, ou vida natural, teria sido desenhada para dentro da vida que chamamos *Zoé*, a vida não criada, instantânea e imediatamente. Mas isso é pura especulação. Neste momento, você e eu estamos mais preocupados é com o funcionamento das coisas.

E o atual estado das coisas é o seguinte. No presente, os dois tipos de vida não são apenas diferentes (coisa que eles sempre teriam sido), mas, na verdade, opostos. A vida natural em cada um de nós é algo autocentrado, algo que deseja ser paparicado e admirado para tirar proveito de outras vidas e explorar o universo todo. E, especialmente, algo que deseja ser deixado por conta própria: manter-se longe de tudo que é melhor, mais forte ou mais elevado do que esse algo, qualquer coisa que possa fazê-lo se sentir pequeno. Tem medo da luz e do ar do mundo espiritual, da mesma forma que as pessoas que foram criadas na sujeira têm medo do banho. E, de certa forma, isso é assim mesmo, pois nossa vida natural sabe que, se a vida espiritual encontrá-la, todo o egocentrismo e a vontade própria serão mortos, e por isso vamos lutar com unhas e dentes para evitar que isso aconteça.

Será que você já pensou, quando criança, como seria divertido se os seus brinquedos ganhassem vida? Bem, suponha que você realmente conseguisse despertá-los para a vida. Imagine transformar um soldadinho de chumbo em um homenzinho real — isso significaria a transformação do chumbo em carne. E suponha que o soldadinho de chumbo não gostasse nada disso. Ele não está interessado em ser de carne, e tudo o que ele consegue enxergar é que o seu chumbo está sendo desintegrado. Ele pensará que você está matando-o e fará tudo o que puder para impedi-lo. Em outras palavras, se ele puder evitar, jamais se transformará num homem.

Não tenho como saber o que você teria feito com um soldadinho de chumbo desses, mas o que Deus fez conosco foi o seguinte. A Segunda Pessoa em Deus, o Filho, tornou-se homem: nasceu no mundo como um humano de verdade — um homem real, de certa estatura, com cabelos de uma cor específica, falando uma língua particular e tendo um peso específico. O Ser eterno, que sabe de tudo e que criou todo o universo, não só se tornou homem, mas (antes disso) se tornou um bebê, e, antes disso, um feto dentro do corpo de uma mulher. Se você quiser imaginar algo parecido, pense em como se sentiria caso se transformar em uma lesma ou um caranguejo.

O resultado disso foi que passou a existir um homem que era, de verdade, o que todos os outros seres humanos pretendiam ser: um homem em quem a vida criada, derivada de sua mãe, passou a ser completa e perfeitamente uma vida gerada. A criatura humana natural nele foi completamente assumida pelo Filho divino. Assim, em um caso particular, a humanidade chegou aonde deveria chegar: passou a partilhar da vida de Cristo. E como toda dificuldade para nós se resume no fato de que a vida natural precisa, em certo sentido, ser "morta", ele escolheu uma carreira terrena que significava o aniquilamento dos seus desejos humanos a todo o momento — a pobreza, a falta de compreensão de sua própria família, a traição da parte de um dos seus amigos mais íntimos, a zombaria e o espancamento por parte das autoridades militares e a execução pela tortura. E então, depois de ter sido morto — em certo sentido, morto diariamente —, a criatura humana nele, pelo fato de estar unida ao Filho divino, retornou à vida. O que ressurgiu em Cristo foi o homem, não apenas o Deus. Eis o resumo de tudo. Pela primeira vez, vimos um homem real. Um soldadinho de chumbo — chumbo de verdade, da mesma forma que todo o resto — despertou completa e esplendidamente para a vida.

E aqui, como não poderia deixar de ser, chegamos ao ponto em que a minha ilustração sobre o soldadinho de chumbo se torna limitada. No caso de soldadinhos de chumbo ou de estátuas de verdade, se uma despertasse para a vida, certamente não faria diferença para os soldadinhos de chumbo ou para as estátuas, pois eles estão separados uns dos outros. Mas os seres humanos não estão separados. Até parece que eles estão, porque você os vê andando por aí sozinhos. Acontece que somos feitos de tal forma que só podemos ver o momento presente. Se você pudesse enxergar o passado, certamente ele pareceria diferente. Pois houve um tempo em que todo homem era parte de sua mãe e (antes disso ainda) também de seu pai, e também um tempo em que ele era parte de seus avós. Se você pudesse ver a humanidade ao longo do tempo, assim como Deus a vê, não se pareceria com pontinhos isolados, espalhados por aí, mas sim como uma coisa única em franco crescimento — como uma árvore bastante complexa. Cada indivíduo apareceria conectado ao outro. E não é só isso: os indivíduos não estão realmente separados de Deus mais do que estão uns dos outros. Todos os homens, todas as mulheres e todas as crianças do mundo sentem e respiram neste momento porque Deus, por assim dizer, os "mantém em funcionamento".

Consequentemente, quando Cristo se tornou homem, não é realmente como se você pudesse se tornar um soldadinho de chumbo específico. É como se algo que sempre afetou toda a humanidade passasse a afetá-la de uma nova maneira. A partir desse ponto, o efeito se espalha por todo o gênero humano, e isso faz uma diferença tanto para pessoas que viveram antes de Cristo quanto para aquelas que viveram depois dele. E faz uma grande diferença até para pessoas que nunca ouviram falar dele. É como pingar em um copo de água uma gota de uma substância que dê um novo gosto ou uma nova cor a todo o seu conteúdo. Mas é claro que nenhuma dessas ilustrações se aplica com real perfeição. No longo prazo, Deus não é ninguém além dele mesmo, e o que ele faz não é comparável a nada. Você dificilmente esperaria que fosse diferente. Qual é, então, a diferença que ele fez para afetar toda a humanidade? É a seguinte: que o negócio de se tornar filho de Deus, de ser transformado de uma coisa criada em uma gerada, de passar de uma vida biológica temporária para a vida "espiritual" eterna, isso foi realizado em nosso favor. A princípio, a humanidade já está "salva", e nós, indivíduos, temos de nos apropriar dessa salvação. Contudo, o trabalho realmente pesado — a porção que não poderíamos ter realizado por nós mesmos — foi feito para nós. Não tivemos de tentar escalar a vida espiritual por nosso próprio esforço; ela já desceu até a humanidade. Se ao menos nos abrirmos para o único homem em quem isso esteve inteiramente presente e que, embora seja Deus, também é um homem real, ele fará isso em nós e por nós. Lembre-se do que eu disse sobre o "bom contágio". Alguém da nossa própria espécie possui essa nova vida, então, se nos aproximarmos dele, ele vai nos contagiar.

É claro que você poderá expressar isso das mais diversas maneiras que puder imaginar. Poderá dizer que Cristo morreu por seus pecados, ou, então, que o Pai nos perdoou porque Cristo fez por nós o que deveríamos ter feito. Poderá dizer ainda que fomos lavados pelo sangue do Cordeiro ou que Cristo derrotou a morte. Tudo isso é verdade. Se quaisquer dessas afirmações não o convencerem, deixe-as de lado e vá em frente com a fórmula que convencer. E seja qual for a que você vá escolher, não brigue com os outros só porque usam uma fórmula diferente da sua.

CAPÍTULO 6

Duas notas

A fim de evitar mal-entendidos, decidi acrescentar notas sobre dois pontos que emergem do último capítulo:

1) Um crítico sensato me escreveu perguntando por que Deus, se desejava filhos e não "soldadinhos de chumbo", não *gerou* vários filhos desde o começo em vez de primeiro *criar* soldadinhos de chumbo para depois dar-lhes vida por um processo assim tão difícil e doloroso. Uma parte da resposta a essa questão é bastante fácil, mas a outra parte provavelmente está além da compreensão humana. A parte fácil é a seguinte: o processo de se transformar de criatura em filho não teria sido difícil nem doloroso se a humanidade não tivesse se distanciado de Deus séculos atrás. Eles puderam agir assim porque Deus lhes concedeu o livre-arbítrio, e o fez porque um mundo de meros autômatos nunca seria capaz de amar e, portanto, nunca conheceria a felicidade infinita.

Agora vem a parte difícil: todos os cristãos concordam que há, no sentido pleno e original, um único "Filho de Deus". Se insistirmos em perguntar: "Mas será que não poderia haver vários?", vamos mergulhar em águas bastante profundas. Será que as palavras "poderia haver" têm sentido se aplicadas a Deus? Você pode dizer que uma coisa finita particular "poderia ter sido" diferente do que era porque seria diferente, se alguma outra coisa tivesse sido diferente, se essa outra coisa tivesse sido diferente, e assim por diante. (As letras nesta página seriam vermelhas se o impressor tivesse usado tinta vermelha, e ele teria usado tinta vermelha se tivesse sido instruído para isso, e assim por diante.) Mas, quando estamos falando de Deus — por exemplo, sobre o fato mais básico, irredutível, do qual todos os demais fatos dependem —, não faz sentido perguntar se poderia ter sido de outra forma. Quando se trata de Deus, as coisas são o que são e pronto. Mas, independentemente disso, tenho dificuldade com a pura e simples ideia do Pai gerando muitos filhos desde a eternidade. Para serem muitos, eles teriam de ser, de alguma forma, diferentes uns dos outros. Vamos supor que duas moedas tenham o mesmo formato. Como podem ser duas? Ora, ocupando lugares diferentes no espaço e contendo átomos diferentes. Em outras palavras, para pensar nelas como diferentes, tivemos de introduzir o espaço e a matéria; na verdade tivemos de introduzir a "natureza", ou o universo criado. Posso entender a distinção entre o Pai e o Filho sem introduzir o espaço ou a matéria porque o primeiro gera e o outro é gerado. A relação de Pai para Filho não é a mesma que a do Filho para o Pai. Mas, se houvesse vários filhos, todos eles teriam uma relação idêntica uns com os outros e para com o Pai. Como eles se diferenciariam uns dos outros? É claro que não se percebe a diferença à primeira vista. Primeiro, achamos que somos capazes de formar a ideia de vários "filhos", mas, se pensarmos direito, descobriremos que a ideia só parece possível porque eu os estava imaginando vagamente como formas humanas reunidas num mesmo tipo de espaço. Em outras palavras, embora eu aparentemente estivesse pensando em algo que existisse desde antes da criação do universo, na verdade eu estava introduzindo a imagem do universo clandestinamente e inserindo esse algo *nela*. Quando eu paro de fazer isso e, ao mesmo tempo, tento pensar no Pai gerando vários filhos "antes de todos os mundos", não estou pensando realmente em nada. A ideia se dissolve em meras palavras. (Será que a natureza — o espaço, o tempo e a matéria — foi criada precisamente para tornar possível a diversidade? Será que não há outra forma de obter vários espíritos eternais, exceto criando primeiro muitas criaturas naturais no universo para depois espiritualizá-las? Mas é claro que tudo isso não passa de mera especulação.)

2) A ideia de que toda a humanidade é, em certo sentido, uma só coisa — um organismo imenso, como uma árvore imensa — não deve ser confundida com a ideia de que as diferenças individuais não importam ou que pessoas reais, Tom, Nobby e Kate, são, de alguma forma, menos importantes do que coisas coletivas, como classes, etnias, e assim por diante. As duas ideias são, inclusive, opostas. Coisas que fazem parte de um só organismo podem ser bem diferentes umas das outras; coisas que não são podem ser bem parecidas. Moedas de dez centavos estão separadas, mas são bem semelhantes: meu nariz e meus pulmões são muito diferentes, mas eles só estão vivos porque fazem parte do meu corpo e compartilham da vida comum dele.

O cristianismo pensa nos indivíduos humanos não como meros integrantes de um grupo ou itens de uma lista, mas como órgãos integrantes de um corpo — diferentes uns dos outros e cada um contribuindo com o que nenhum outro poderia contribuir. Sempre que você se pegar desejando transformar seus filhos, ou alunos, ou até mesmo seus vizinhos em pessoas exatamente como você, lembre-se de que Deus provavelmente nunca desejou que eles fossem assim. Você e eles são órgãos diferentes, designados para fazer coisas diferentes. Por outro lado, quando você é tentado a não ligar para as dificuldades de uma pessoa, porque ela não é "problema seu", lembre-se de que, embora ela seja diferente de você, ela faz parte do mesmo organismo que você. Se você se esquecer de que ela pertence ao mesmo organismo que você, vai se tornar um Individualista. Se você esquecer que ela é um órgão diferente de você, se quiser suprimir diferenças e tornar as pessoas todas iguais, vai se tornar um Totalitário. Mas um cristão não deve ser nem Totalitário nem Individualista.

Confesso que sinto um forte desejo de lhe dizer — e suponho que você sinta o mesmo desejo de me contar — qual desses dois erros é o pior. Essa é a armadilha do diabo. Ele sempre manda erros para o mundo em pares — pares de opostos — e sempre nos incentiva a passar um bom tempo quebrando a cabeça para decidir qual é o pior. E o real motivo disso fica evidente: ele confia no seu desprezo por um erro para atraí-lo gradativamente ao erro oposto. Mas não vamos nos deixar enganar. Temos de manter nossos olhos focados no objetivo e passar bem no meio dos dois erros, esse é o nosso único interesse relacionado a esses dois erros.

CAPÍTULO 7

Vamos fazer de conta

Será que posso começar mais uma vez colocando duas imagens, ou, melhor, duas histórias, na sua cabeça? Uma é a história que todos vocês já leram, chamada *A Bela e a Fera*. A moça, como vocês devem lembrar, teve de se casar com um monstro por alguma razão, e ela o fez. Ela o beijou como se fosse um ser humano. E então, para o seu alívio, ele se transformou em um homem de verdade e tudo ficou bem. A outra história é sobre alguém que teve de usar uma máscara; uma máscara que fazia com que ele tivesse uma aparência muito melhor que a que realmente tinha. Ele teve de usá-la por anos a fio, e, quando ele a retirou, descobriu que a sua face havia se conformado com ela, e ele então havia ficado bonito de verdade. O que começou com um disfarce havia se tornado uma realidade. Acredito que ambas as histórias (é claro que de uma forma imaginativa) ajudam a ilustrar o que eu tenho a dizer neste capítulo. Até então, estive tentando descrever fatos — o que Deus é e o que ele fez. Agora, gostaria de falar sobre a prática — o que devemos fazer com isso? Que diferença faz toda essa Teologia? Ela pode começar a fazer diferença hoje à noite. Se você teve interesse suficiente para ter lido até aqui, provavelmente também terá interesse suficiente para fazer uma pausa para suas orações e, entre as suas preces, certamente haverá o Pai-nosso.

As duas primeiras palavras são *Pai nosso*. Você vê agora o que essas palavras significam? Elas significam que você está, francamente, assumindo o papel de um filho de Deus. Para ser mais direto, você está se *vestindo de Cristo*. E, se quiser colocá-lo em outras palavras, você está fazendo de conta. Porque, é claro que no momento em que você se conscientiza do que as palavras significam, se dá conta de que não é filho de Deus. Você não é um ser como o Filho de Deus, cuja vontade e cujo interesse estão em harmonia com os do Pai; você é um emaranhado de medos egocêntricos, de esperanças, de ganâncias, de invejas e de presunção fadado à morte. Sendo assim, de certa forma esse vestir-se de Cristo é um tremendo atrevimento, o mais estranho, entretanto, é que ele nos mandou fazer isso.

E por qual motivo? Qual a vantagem de fazer de conta que somos o que não somos? Bem, mesmo no nível humano, há dois tipos de faz de conta. Há o tipo ruim, em que o fingimento está substituindo a coisa real — por exemplo, quando uma pessoa faz de conta que vai ajudá-lo em vez de fazê-lo de verdade. Mas também há um tipo bom, em que o simulado leva à coisa real. Quando você não está se sentido particularmente amigável, mas sabe que o deve ser, a melhor coisa que pode fazer, muitas vezes, é assumir modos gentis e se comportar como se fosse uma pessoa mais legal do que realmente é. Muitas vezes, a única forma de desenvolver realmente uma qualidade é começar a se comportar como se você já a tivesse. Esse é o motivo pelo qual os jogos infantis são tão importantes. As crianças sempre fazem de conta que são adultas — brincando de serem soldados, de irem ao supermercado, mas todo esse tempo elas estão fortalecendo os músculos e aguçando a inteligência, de modo que o faz de conta de serem adultas as ajuda a amadurecer de verdade.

Agora, no momento em que você se dá conta do "Olhe eu aqui, me vestindo de Cristo", é bem provável que, naquele mesmo instante, enxergue alguma maneira de tornar aquele faz de conta em menos fingimento e mais realidade. Várias coisas vão passar pela sua cabeça que não estariam lá se você fosse um filho de Deus de verdade. Bem, então pare de ficar pensando nessas coisas. Ou você poderá se dar conta de que, em vez de fazer suas orações, deveria estar lá embaixo escrevendo uma carta ou ajudando sua esposa a lavar a louça. Bem, então faça isso.

Você percebe o que está acontecendo? Cristo em pessoa, o Filho de Deus, que é um ser humano (igualzinho a você) e Deus (igualzinho ao Pai), está realmente ao seu lado e já está começando, naquela mesma hora, a tornar o seu faz de conta uma realidade. Essa não é uma simples forma simbólica de dizer que sua consciência está lhe dizendo o que fazer. Se você simplesmente lhe fizer uma pergunta, obterá um resultado; se você lembrar que está se vestindo de Cristo, o resultado obtido será diferente. Sua consciência pode não considerar muitas coisas "erradas" (especialmente coisas que se passam na sua cabeça), mas você verá imediatamente que não pode continuar fazendo-as se busca seriamente ser como Cristo. Pois você já não estará pensando simplesmente sobre o certo e o errado, mas sim tentando contrair o bom contágio de uma Pessoa. Isso se parece mais com a pintura de um quadro do que com a obediência a regras, e o curioso é que, enquanto, por um lado, isso é mais difícil do que obedecer às regras, por outro é bem mais fácil.

O verdadeiro Filho de Deus está do nosso lado e está começando a nos tornar no que ele mesmo é. Ele está começando, por assim dizer, a "injetar" seu tipo de vida e pensamento, sua *Zoé*, em você; começando a transformar o soldadinho de chumbo em um ser humano vivo. A parte de você que não gosta disso é a que segue sendo de chumbo.

Alguns de vocês podem sentir que isso nada tem a ver com sua própria experiência. Você poderia dizer: "Nunca tive a sensação de ser ajudado por um Cristo invisível, mas já recebi muita ajuda de outros seres humanos". Isso é bem parecido com a mulher, durante a Primeira Guerra, que disse não se importar se houvesse um racionamento de pão, pois isso não atingiria a casa dela, visto que costumavam comer torradas. Ora, se não houver pão, não haverá torradas. Sem a ajuda de Cristo, não haveria a ajuda de outros seres humanos. Ele trabalha em nós por todos os meios, não apenas por intermédio do que acreditamos ser nossa "vida religiosa". Ele trabalha por meio da natureza, por meio dos nossos próprios corpos, por meio de livros, às vezes, por meio de experiências que parecem (naquela hora) *anti*cristãs. Quando um jovem que esteve frequentando a igreja de forma rotineira se dá conta honestamente de que não crê mais no cristianismo e para de frequentar as reuniões — desde que ele o faça de forma honesta e não para irritar os seus pais —, o espírito de Cristo provavelmente estará mais perto dele do que estava antes. Mas, acima de tudo, ele trabalha em nós por intermédio da colaboração de uns com os outros.

Os seres humanos são espelhos ou "portadores" de Cristo para os outros. Às vezes, são portadores inconscientes. Esse "bom contágio" pode ser transmitido por aqueles que não o receberam — pessoas que não eram cristãs me ajudaram a chegar ao cristianismo —, mas normalmente são aqueles que o conhecem que conduzem os outros até ele.

É por esse motivo que a Igreja, o corpo completo de cristãos que o exibem uns aos outros, é tão importante. Você pode até dizer que, quando dois cristãos estão seguindo a Cristo juntos, não há apenas o dobro de cristianismo no relacionamento deles do que quando eles estavam separados, mas 16 vezes mais.

Mas não esqueça: em um primeiro momento, é natural para um bebê mamar o leite de sua mãe sem de fato conhecê-la; também é igualmente natural para nós reconhecermos a pessoa que nos ajuda sem enxergar Cristo por trás dela. Mas não devemos seguir na condição de bebês. Temos de passar a reconhecer o nosso Doador real. Seria loucura não o fazer porque, se não o fizermos, estaremos confiando em seres humanos, e isso vai nos levar para o mau caminho. Por melhores que eles possam ser, estão fadados a cometer erros; e todos eles vão morrer. Temos de ser gratos a todas as pessoas que já nos ajudaram, temos de honrá-las e amá-las, mas nunca, jamais devemos depositar toda a nossa fé em qualquer ser humano, nem que ele seja o melhor e o mais sábio do mundo. Há muitas coisas legais que se pode fazer com a areia, mas não tente construir uma casa sobre ela.

A partir daí, começamos a entender do que o Novo Testamento está falando. Ele fala sobre cristãos que são "nascidos de novo", orientando-os a "revestirem-se de Cristo"; fala de Cristo "sendo formado em nós" e de como passamos a "ter a mesma mente de Cristo".

É bom você tirar logo da sua cabeça a ideia de que essas são apenas formas simbólicas de dizer que os cristãos devem ler e aplicar o que Cristo disse à própria vida — como uma pessoa que lê Platão ou Marx e tenta pôr em prática o que eles escreveram. O Novo Testamento significa muito mais do que isso. Ele está querendo dizer que uma pessoa real, o Cristo presente aqui e agora, naquele mesmo quarto em que você está fazendo suas orações, está fazendo algo por você. Não se trata de um bom homem que morreu dois mil anos atrás. Trata-se de um homem vivo, tão ser humano quanto você e eu, e, ao mesmo tempo, tão divino quanto era quando criou o mundo, vindo realmente e interferindo no seu eu interior; matando o velho eu natural e substituindo-o pelo tipo de personalidade que ele tem. No início, apenas por instantes, mas, depois, por períodos mais longos. Por fim, se tudo correr bem, ele o transforma permanentemente em algo diferente; em um novo pequeno Cristo, um ser que, à sua própria maneira reduzida, tem o mesmo tipo de vida que emana de Deus; partilhando de seu poder, de sua alegria, de seu conhecimento e de sua eternidade. E, com isso, faremos imediatamente outras duas descobertas.

1) Começamos a perceber nossa pecaminosidade para além de nossos atos pecaminosos particulares; começamos a ficar alarmados não apenas com o que fazemos, mas também com o que somos. Isso pode soar bem difícil de compreender, então, vou tentar esclarecê-lo a partir do meu próprio caso. Quando chega a hora das minhas orações noturnas e tento prestar contas dos pecados do dia, noventa por cento das vezes o mais óbvio é algum pecado contra a caridade: ou fiquei irritado, ou agoniado, ou fui debochado, ou prepotente, ou impetuoso. E a desculpa que imediatamente me vem à mente é que a provocação foi tão súbita e inesperada que fui pego desprevenido e não deu tempo de me controlar. Mas essa pode ser uma circunstância atenuante com relação àqueles comportamentos específicos que obviamente seriam piores se tivessem sido deliberados e premeditados. Por outro lado, o que uma pessoa faz quando é pega desprevenida não é a melhor prova do que ela é de verdade? Será que aquilo que vem à tona antes de a pessoa ter tempo de pôr a sua máscara não é a mais pura verdade? Se há ratos no porão, você tem mais probabilidade de vê-los se entrar de supetão. Mas não é a surpresa que cria os ratos, ela apenas os impede de se esconder. Da mesma forma, a surpresa da provocação não me torna um

homem irascível; ela apenas me mostra que homem irascível eu realmente sou. Os ratos estão sempre ali, no porão, mas, se você entrar gritando e fazendo barulho, eles terão encontrado abrigo antes mesmo de você ligar a luz. Aparentemente os ratos do ressentimento e da vingança estão sempre lá no porão da minha alma. Agora, o porão está fora do alcance da minha vontade consciente. Tenho condições de controlar os meus atos até certo ponto: o que não tenho é o controle direto sobre o meu temperamento. E, se (como eu disse antes) o ser importa até mais do que o fazer — se, aliás, o que fazemos importa principalmente como evidência do que somos —, então concluímos que a transformação pela qual eu mais estou precisando passar é uma mudança que nossos próprios esforços diretos, voluntários, não podem provocar. E isso também se aplica às minhas boas ações. Quantas delas foram feitas pelos motivos certos? Quantas por medo da opinião pública ou desejo de me mostrar? Quantas por uma espécie de obstinação ou senso de superioridade que, em circunstâncias diferentes, poderiam igualmente ter levado a algum ato muito maldoso? Mas eu não posso, por um esforço moral direto, proporcionar novos motivos a mim mesmo. Depois dos primeiros passos na vida cristã, nós nos damos conta de que tudo o que realmente precisa ser feito em nossas almas só pode ser feito por Deus, e isso nos conduz a algo que pode ter levado a muitos mal-entendidos na linguagem que empreguei até agora.

2) Da forma como eu me expressei até agora, pode parecer que somos nós que fazemos tudo. No entanto,

está claro para mim que é Deus que faz tudo. O máximo que fazemos é permitir que Deus aja. De certo modo, você pode até dizer que o faz de conta é Deus quem realiza. O Deus tripessoal, por assim dizer, vê diante de si um animal humano que, na verdade, é egocêntrico, ganancioso, resmungão e rebelde. Mas ele diz: "Vamos fazer de conta que essa não é uma mera criatura, mas nosso filho. Ele é como Cristo, visto que é um ser humano, já que o Filho se tornou Homem. Vamos fazer de conta que esse filho também é igual a ele em espírito. Vamos tratá-lo como se fosse algo que, na verdade, não é. Vamos fazer de conta para transformar o faz de conta em realidade". Deus olha para você como se você fosse um pequeno Cristo, e Cristo está do seu lado para operar essa transformação. Ouso dizer que essa ideia do faz de conta divino soa bem estranha no começo, mas será que é realmente tão estranha? Não é sempre assim que as coisas superiores alcançam as inferiores? Uma mãe ensina o seu bebê a falar falando com ele, como se ele entendesse, muito antes de ele realmente o fazer. Tratamos nossos cachorros como se eles fossem "quase humanos", e é nisso que acabam se tornando no final.

CAPÍTULO 8

Cristianismo:
fácil ou difícil?

No capítulo anterior, consideramos a ideia cristã do "revestir-se de Cristo", ou de primeiro "vestir-se" de filho de Deus, para você finalmente se tornar um filho de verdade. O que gostaria de deixar claro é que essa não é uma dentre as muitas tarefas que os cristãos têm que realizar; e não se trata de uma espécie de exercício especial para a classe superior. Trata-se de um resumo de todo o cristianismo. O cristianismo não oferece absolutamente nada mais que isso. E gostaria de destacar como ele difere das ideias comuns sobre "moralidade" e "ser bonzinho".

A ideia convencional que nós temos antes de nos tornarmos cristãos é a seguinte: tomamos o nosso ser comum, com seus vários desejos e interesses, como ponto de partida. Depois, admitimos que algo mais — que podemos chamar de "moralidade" ou "comportamento digno", ou "o bem da sociedade" — tenha direitos sobre esse ser, direitos estes que interferem nos seus próprios desejos. O que queremos dizer quando nos consideramos "bons" é que cedemos a esses direitos. Mas há coisas que o ser comum desejava fazer e que acabam se revelando "erradas"; ora, nesse caso, temos de abrir mão delas. Outras coisas que o nosso ser não deseja fazer acabam se revelando "a coisa certa" a fazer — então, temos de fazê-las. Mas estamos o tempo todo esperando que, quando todas as demandas forem alcançadas, o pobre ego natural ainda tenha alguma chance e algum tempo para dar continuidade à sua própria vida e fazer o que bem entende. Na verdade, somos bem parecidos com uma pessoa honesta que paga seus impostos. Ela os paga, tudo bem, mas na esperança de que vá sobrar dinheiro suficiente para viver. Isso porque ainda estamos tomando nosso ego natural como ponto de partida.

Enquanto estivermos pensando dessa maneira, de duas uma: ou vamos desistir de ser bons, ou vamos nos tornar extremamente infelizes. Pois não se engane: se você está realmente tentando satisfazer todas as demandas feitas pelo ego natural, não sobrará muita coisa para sua sobrevivência. Quanto mais você obedece à sua consciência, mais ela vai exigir de você. Assim, seu ego natural, que estará passando fome e sendo atrapalhado e amedrontado o tempo todo, vai ficando cada vez mais enfurecido. No final, ou você vai desistir de tentar ser bom, ou vai se tornar uma daquelas pessoas que, como costumam dizer, "vivem para as outras", mas sempre de forma contrariada, resmungona — sempre se perguntando por que os outros não reparam mais nisso, e sempre assumindo o papel de mártir. E uma vez que você tenha ficado assim, tornar-se-á muito mais insuportável para qualquer um que tenha de conviver com você do que se você tivesse permanecido totalmente egoísta.

O estilo cristão é diferente: é mais difícil e mais fácil. Cristo diz: "Dê-me tudo. Não quero uma parcela do seu tempo, uma parcela do seu dinheiro e uma parcela do seu trabalho; eu quero você. Não vim para atormentar seu ego natural, mas para matá-lo. Nada de meios-termos. Não quero podar um ramo aqui e outro ali; quero derrubar a árvore toda. Não quero meter a broca no seu dente, nem o obturar ou fazer com que ele pare de doer; quero arrancá-lo. Renuncie todo o seu ego natural, todos os desejos que você acha que são inocentes, da mesma forma que me entrega aqueles que você considera maldosos — o aparato todo, pois vou substituir por um novo ser. Na verdade, vou lhe dar a mim mesmo, e minha própria vontade deverá se tornar a sua."

Isso é mais difícil e mais fácil do que aquilo que todos nós estamos tentando fazer. Espero que você tenha notado que o próprio Cristo às vezes descreve o estilo de vida cristão como difícil demais e, às vezes, como demasiadamente fácil. Ele diz: "Tome sua cruz" — em outras palavras, é como ser espancado até a morte num campo de concentração. No minuto seguinte, ele diz: "Pois o meu jugo é suave e o meu fardo é leve". Na verdade, ele está se referindo às duas coisas ao mesmo tempo, e podemos ver muito bem por que ambas são verdadeiras.

Qualquer professor concordará que o aluno mais preguiçoso da classe é o que terá de trabalhar mais no final. Eles querem dizer isso mesmo. Se você der a dois meninos, digamos, uma proposição geométrica para resolver, aquele que está preparado vai se dar ao trabalho de tentar entendê-la. O menino preguiçoso vai tentar decorá-la, porque, naquele momento, isso demanda menos esforço. Mas seis meses depois, quando eles estiverem se preparando para uma prova, o menino preguiçoso ficará horas e mais horas estudando para dar conta de coisas que o outro garoto entende e das quais passa até a gostar em poucos minutos. Ou seja, a preguiça dá mais trabalho no longo prazo. Vamos usar outra analogia. Em uma batalha, ou no alpinismo, sempre há uma atitude que exige muita coragem; mas, no longo prazo, também é o movimento mais seguro a realizar. Se você ficar com medo, vai se meter, horas mais tarde, em um perigo maior. O modo covarde de agir é, ao mesmo tempo, também o mais perigoso.

O mesmo acontece aqui. A coisa mais terrível e que parece impossível de se fazer é entregar todo o seu ser — todos os seus desejos e todas as suas precauções — para Cristo. Mas é muito mais fácil do que aquilo que todos nós estamos tentando fazer em vez disso, que é continuar sendo o que chamamos de "nós mesmos" para manter a felicidade pessoal como o nosso grande objetivo na vida, e, ainda assim, tentar, ao mesmo tempo, ser "bons". Estamos todos tentando fazer nossa mente e nosso coração seguirem os seus próprios caminhos — centrados no dinheiro, no prazer ou na ambição — e esperando, ainda assim, nos comportar de forma honesta, casta e humilde. Mas isso é precisamente o que Cristo nos alertou para não fazer. Segundo ele, um espinheiro não é capaz de produzir figos. Se eu sou um campo que não contém nada além de sementes de capim, não posso produzir trigo. Cortar o capim pode até fazer com que ele permaneça baixo, mas vou continuar produzindo capim, e não trigo. Se eu quiser produzir trigo, a mudança deverá ir mais fundo do que a superfície. Preciso ser arado e replantado.

É por isso que o problema real da vida cristã aparece onde as pessoas normalmente não procuram por ele. Ele surge no exato momento em que você acorda, todas as manhãs. Todos os seus desejos e suas esperanças para o dia tomam a sua mente de assalto, como animais selvagens. E a sua primeira tarefa cotidiana consiste em simplesmente empurrá-los todos de lado, dando ouvidos àquela outra voz, pressupondo aquele outro ponto de vista e deixando aquela outra vida mais ampla, forte e calma fluir. E a vida segue, dia após dia, com a gente se distanciando de todas as gritarias e aflições que nos invadem com a força de um vendaval.

No começo, só conseguimos fazer isso por alguns instantes, mas, a partir desses momentos, o novo tipo de vida estará se alastrando por todo o nosso corpo: porque agora estamos deixando que ele trabalhe em nós nas áreas certas. Trata-se da diferença entre uma pintura que é simplesmente passada sobre a superfície e a tintura ou borrão que impregna em profundidade. Cristo nunca adota uma conversa fiada vaga ou idealista. Quando ele disse: "Sede perfeitos", ele estava falando sério. Ele quis dizer que devemos nos submeter ao tratamento completo. É difícil, mas o meio-termo a que todos aspiramos é mais difícil — na verdade, é impossível. Pode ser difícil para um ovo transformar-se num pássaro: seria engraçado de ver e ainda mais difícil para ele aprender a voar enquanto ainda estivermos dentro da casca do ovo. Somos parecidos com esses ovos. E você não pode seguir sendo apenas um ovo comum, digno, indefinidamente. Ou rompemos a casca, ou goramos.

Gostaria, então, de retomar o que disse anteriormente. Isso é tudo o que há para se dizer sobre o cristianismo. Não há nada mais. É tão fácil confundir-se a esse respeito. É fácil pensar que a Igreja possui uma série de objetivos diferentes — educação, instalações, missões, serviços de manutenção. Da mesma forma que é simples pensar que o Estado tem diversos objetivos — militares, políticos, econômicos e por aí vai. Mas, de certa forma, as coisas são muito mais simples do que isso. O Estado existe simplesmente para promover e proteger a felicidade comum de seres humanos nesta vida. Um marido e uma mulher, batendo papo ao pé da lareira; um grupo de amigos jogando dardos em um *pub*; um homem lendo um livro no seu próprio quarto ou cultivando seu próprio jardim — é para isso que o Estado serve. E, se ele não estiver contribuindo para aumentar, prolongar e proteger tais momentos, todas as leis, os parlamentos, os exércitos, as cortes, as polícias, as economias etc., não passarão de perda de tempo. Da mesma forma, a Igreja não existe senão para atrair os seres humanos a Cristo e torná-los pequenos Cristos. Se ela não estiver fazendo isso, todas as catedrais, o clero, as missões, os sermões e até mesmo a própria Bíblia não passarão de mera perda de tempo. Deus não se tornou homem para nenhum outro propósito. Pode-se duvidar até de que o universo todo tenha sido criado para outro propósito, senão esse. A Bíblia diz que todo o universo foi criado para Cristo e que tudo deve ser reunido nele. Suponho que nenhum de nós consiga compreender como isso vai acontecer no que diz respeito ao universo. Não sabemos que tipo de vida existe (se é que há alguma vida) nas partes que estão a milhões de quilômetros de distância da Terra. Mesmo nesta Terra, não sabemos como isso se aplica a outras coisas além do ser humano. Afinal de contas, ninguém esperaria outra coisa. O plano só nos foi revelado até onde ele nos diz respeito.

Às vezes gosto de imaginar que sou capaz de enxergar como isso poderia se aplicar a outras coisas. Imagino que pudesse entender como os animais superiores são, de certa forma, atraídos para dentro do homem, quando ele os ama e os torna (como ele faz) muito mais parecidos com o ser humano do que eles seriam se não fosse por isso. Posso entender o sentido pelo qual as coisas mortas e as plantas são atraídas para o homem enquanto ele as estuda, usa e aprecia. E, se houvesse criaturas inteligentes em outros mundos, elas poderiam fazer o mesmo com os seus mundos. É possível que, quando as criaturas inteligentes entraram em Cristo, elas pudessem carregar consigo todas as demais coisas. Mas não sei de nada disso: em relação a isso só posso especular.

O que nos foi revelado é como nós, seres humanos, podemos ser atraídos para dentro de Cristo — podemos nos tornar parte desse maravilhoso presente que o jovem Príncipe do universo quer oferecer ao seu Pai —, o presente que é ele próprio e, portanto, nós nele. Trata-se da única coisa para a qual fomos criados. E há pistas estranhas e empolgantes na Bíblia de que, quando somos atraídos para dentro, uma grande quantidade de outras coisas na Natureza vai começar a entrar nos eixos. Será o fim do pesadelo: um novo amanhã terá despontado.

CAPÍTULO 9

Avaliando o custo

Parece que uma boa quantidade de pessoas ficou incomodada com o que eu disse no capítulo anterior sobre as palavras "Sede perfeitos" pronunciadas por nosso Senhor. Algumas pessoas parecem pensar que isso significa: "Enquanto você não for perfeito, não vou ajudá-lo"; e como não podemos ser perfeitos, então, se ele quis dizer isso, nossa situação é desesperadora. Mas não acredito que essa tenha sido a intenção dele. Penso que o que ele quis dizer foi: "A única ajuda que vou lhes dar é no sentido de torná-los perfeitos. Vocês podem até querer menos do que isso, mas eu não vou fazer menos."

Eis uma tentativa de explicar essa realidade. Na minha infância, eu tinha frequentes dores de dente e sabia que, se fosse procurar a ajuda de minha mãe, ela me daria algo para aliviar temporariamente a dor e que me permitiria dormir. Mas eu não procurava minha mãe — pelo menos, não enquanto a dor não ficasse insuportável. E a razão para não ir a ela era que eu sabia que ela me daria uma aspirina, mas, no dia seguinte, iria receber algo mais: ela me levaria ao dentista. Eu não poderia obter dela o que eu desejava sem esse algo mais que eu não desejava. Eu desejava alívio imediato do meu sofrimento, mas não poderia obtê-lo sem ter meus dentes tratados de forma integral. Eu conhecia o dentista e sabia que ele mexeria em todos os outros dentes que ainda nem tinham começado a doer. Ele não deixaria de cutucar a onça com vara curta, e, se você dá uma mão, ele quer o braço todo.

Agora, se eu puder colocar desta maneira, nosso Senhor atua como os dentistas o fazem. Se você der uma mão, ele vai querer o braço todo. Dezenas de pessoas o procuram para serem curadas de algum pecado particular do qual elas sentem vergonha (como a masturbação ou a covardia física) ou que está obviamente pondo em risco o bom convívio (como o temperamento difícil ou a embriaguez). Bem, ele vai curá-lo, tudo certo, mas não vai parar por aí. Isso pode ser tudo o que você queria; mas, uma vez que você o convida a entrar, ele lhe dará o tratamento completo.

Eis por que ele alertou algumas pessoas a "avaliarem o custo" antes de se tornarem cristãs. "Não se iluda", diz ele, "se você permitir, eu vou torná-lo perfeito. A partir do momento em que você se colocar em minhas mãos, é nisso que você estará se metendo. Nem mais, nem menos que isso. Você é dotado de livre-arbítrio e, se preferir, pode me repudiar; mas, se não me repudiar, entenda que vou levar a coisa até o fim. Independentemente do sofrimento que isso possa lhe custar na sua vida terrena, seja qual for o tipo de purificação que isso lhe custe depois da morte, seja qual for o custo para mim, não vou descansar enquanto você não for literalmente perfeito — enquanto meu Pai não puder dizer, sem reservas, que ele está satisfeito com você, da mesma forma que ele disse que estava satisfeito comigo. É isso que eu sou capaz de fazer e é o que eu vou fazer, mas não vou fazer nada menos do que isso".

E ainda assim — este é o outro lado da questão, porém não menos importante — esse Ajudador, que não se satisfará com nada menos do que a perfeição absoluta, também ficará encantado com o primeiro, o menor e o mais relutante esforço que você fizer para cumprir com o seu dever mais simples. "Todo pai fica encantado em ver as primeiras tentativas do bebê de andar, e nenhum dos pais ficaria satisfeito com menos do que um andar firme, livre e masculino no filho adulto" — afirmou um grande escritor cristão (George MacDonald). Da mesma forma, de acordo com ele: "É fácil agradar a Deus, mas satisfazê-lo é bem difícil".

O resultado prático é o seguinte: por um lado, a demanda de Deus por perfeição não precisa desmotivá-lo nem um pouco nas suas atuais tentativas de ser bom, nem mesmo em suas constantes falhas. Toda vez que você cai, ele o levanta novamente e sabe perfeitamente bem que seus próprios esforços nunca vão deixá-lo chegar nem perto da perfeição. Por outro lado, você terá de se dar conta desde já de que o objetivo em direção ao qual ele inicialmente o conduz é a perfeição absoluta, e nenhum poder em todo o universo, além de você mesmo, pode impedir Deus de conduzi-lo a esse objetivo. É nisso que você está engajado, e é muito importante que se dê conta disso. Se não o fizer, então é muito provável que chegue ao ponto de começar a repudiá-lo e resistir a ele. Penso que muitos de nós estamos inclinados a ter a sensação (mesmo sem expressá-la em palavras) de que chega uma hora em que já somos bons o bastante, assim que Cristo nos tenha capacitado para vencer um ou dois daqueles pecados mais inconvenientes e evidentes. Ele já terá feito tudo o que queríamos que ele fizesse, e, agora, ficaríamos gratos se ele nos deixasse em paz. Como costumamos dizer: "Nunca quis ser santo, apenas um sujeito normal e decente". E imaginamos que, ao dizer isso, estejamos sendo humildes.

Contudo, este engano pode nos custar muito caro. É claro que nunca desejamos nem pedimos para ser o tipo de criatura em que ele está nos tornando, mas a questão não é o que nós pretendemos ser, mas o que ele pretendeu que fôssemos quando nos criou. Ele é o inventor e nós, a máquina; ele é o pintor e nós, a pintura. Como poderíamos saber como ele quer que sejamos? Veja bem, ele já nos fez ser muito diferentes do que éramos. Há muito tempo, antes de termos nascido, quando estávamos no ventre das nossas mães, passamos por vários estágios. Outrora éramos mais como vegetais, e depois como peixes; foi apenas em um estágio posterior que nos tornamos bebês humanos. E, se estivéssemos conscientes naqueles estágios anteriores, ouso dizer que teríamos nos contentado em permanecer vegetais ou peixes — não teríamos desejado nos tornar bebês. Mas Deus conhecia seu plano para nós o tempo todo e estava determinado a executá-lo. Algo parecido com isso está acontecendo agora em um nível superior.

É possível que nos contentemos em permanecer "pessoas comuns", mas ele está determinado a executar um plano bem diferente. Recuar diante desse plano não é humildade, mas sim preguiça e covardia, e submeter-se a ele não é presunção ou megalomania, é simples obediência.

Há outra forma de expressar esses dois lados da verdade. Por um lado, nunca devemos imaginar que podemos invocar nossos próprios esforços solitários para nos conduzir como pessoas "decentes" nem mesmo pelas próximas 24 horas. Se ele não nos der suporte, nenhum de nós está a salvo de cometer qualquer pecado abominável. Por outro lado, nenhum grau possível de santidade ou heroísmo que já tenha sido registrado da parte dos heróis da fé está além do que Deus está determinado a produzir em cada um de nós no final. Essa obra não será completada nesta vida, mas ele pretende nos levar o mais longe possível antes de morrermos.

É por isso que não devemos ficar surpresos quando passamos por tempos difíceis. Sempre que uma pessoa se volta para Cristo, parece que as coisas vão muito bem (no sentido de que alguns dos seus maus hábitos são corrigidos); ela pode muitas vezes ter a sensação de que agora seria natural que as coisas fluíssem sem maiores dificuldades. Quando surgem os problemas — doença, dificuldades financeiras, novos tipos de tentação —, ela fica decepcionada. Essas circunstâncias, conforme o indivíduo as sente, poderiam ter sido necessárias para despertá-lo e fazê-lo se arrepender de seus dias maus do passado; mas qual o sentido delas agora? A razão é que Deus o está forçando a elevar o nível, colocando-o em situações em que terá de ser muito mais corajoso, ou mais paciente, ou mais amoroso do que ele jamais sonhou ser antes. Para nós, isso tudo parece desnecessário, mas é assim porque ainda não tivemos a menor noção da obra tremenda que ele quer realizar em nós.

Acho que devo utilizar outra parábola de George MacDonald. Imagine-se como uma casa viva. Deus entra para reconstruir essa casa. A princípio, talvez você consiga entender o que ele está fazendo. Ele está consertando os ralos e tirando as goteiras do teto, e assim por diante; você sabe que esses trabalhos precisavam ser feitos e, portanto, não está surpreso. Mas depois ele passa a demolir a casa de uma forma que lhe causa uma dor terrível e não parece fazer nenhum sentido. O que ele estaria tentando fazer? A explicação é que ele está construindo uma casa bem diferente daquela que você tinha imaginado — construindo uma nova ala aqui, colocando um andar a mais ali, subindo colunas e criando pátios. Você achava que seria transformado em uma cabaninha modesta, mas ele está construindo um palácio e, além disso, pretende vir e viver nele pessoalmente.

O mandamento *Sede perfeitos* não é um palavreado idealista, tampouco é uma ordem de fazer algo impossível, pois ele vai nos transformar em criaturas capazes de obedecer a esse mandamento. Ele disse (na Bíblia) que somos "deuses" e ele vai manter sua palavra. Se nós permitirmos — pois poderíamos impedi-lo se desejarmos fazer isso — ele transformará os mais débeis e imundos de nós em deuses ou deusas, em criaturas deslumbrantes, radiantes, imortais, pulsando por todo lado de tanta energia, alegria, sabedoria e amor que nem podemos imaginar agora, um espelho inoxidável brilhante que reflete de volta para Deus, de forma perfeita (embora, é claro, em escala menor), o seu próprio poder, prazer e bondade ilimitados. O processo será longo e, em parte, bastante doloroso, mas é nesse processo que estamos engajados. Nada mais, nada menos do que isso. Era isso que ele pretendia dizer quando proferiu aquelas palavras.

CAPÍTULO 10

Pessoas bondosas ou novas criaturas

Ele estava mesmo falando sério. Aqueles que se colocam em suas mãos vão se tornar perfeitos, assim como ele é perfeito — perfeitos em amor, em sabedoria, em alegria, em beleza e em imortalidade. A mudança não será completada nesta vida, pois a morte é uma parte importante do tratamento, e ninguém sabe com certeza até onde a mudança terá avançado antes de a morte de qualquer cristão particular ocorrer.

Acredito que este seja o momento certo de considerar uma questão que é levantada muitas vezes: se o cristianismo é verdadeiro, por que nem todos os cristãos são obviamente melhores do que os não cristãos? O que está por trás dessa questão é, em parte, algo muito razoável e, em parte, algo absolutamente irracional. A parte razoável é a seguinte: se a conversão ao cristianismo não promover o aperfeiçoamento nas ações externas de uma pessoa — se ela continuar a ser tão esnobe, maldosa, invejosa ou ambiciosa quanto era antes —, então imagino que precisamos suspeitar de que a sua "conversão" foi amplamente imaginária;

e após a conversão original de alguém, toda vez que se pensa que ele teve um avanço, é esse o teste que se deve aplicar. Sentimentos nobres, novos *insights* e maior interesse pela "religião" não significam nada se não melhorarmos nosso comportamento real, da mesma forma que "se sentir melhor" quando se tem uma doença não quer dizer muita coisa se o termômetro mostra que a sua temperatura ainda está subindo. Nesse sentido, o mundo exterior está bem certo em julgar o cristianismo pelos seus resultados. Cristo nos disse para julgarmos pelo resultado. Uma árvore é conhecida pelos seus frutos; ou, conforme dizemos, trata-se da prova dos nove. Quando nós, cristãos, nos comportamos mal ou falhamos em nos comportar bem, estamos fazendo com que o cristianismo seja desacreditado diante do mundo exterior. As memórias dos tempos de guerra nos dizem que a conversa descuidada custa vidas, mas é bem verdade também que as vidas descuidadas custam conversa. Nossas vidas descuidadas levam à falação; e nós damos motivos às pessoas para falar de uma forma que lança dúvidas sobre a verdade do próprio cristianismo.

Mas há outra maneira de exigir resultados pelo qual o mundo exterior pode ser bastante irracional. Seus integrantes são capazes de demandar nao meramente que a vida de cada pessoa melhore depois de se tornar cristã, mas impõe também que, para crerem no cristianismo, teriam de enxergar o mundo todo nitidamente dividido em duas categorias — a dos cristãos e a dos não cristãos — e que todas as pessoas da primeira categoria sejam, em dado momento, mais gentis do que todas as pessoas da segunda. Isso não faz sentido por vários motivos:

1) Em primeiro lugar, a situação no mundo atual é bem mais complexa do que isso. O mundo não consiste em pessoas cem por cento cristãs e cem por cento não cristãs. Existem pessoas (uma grande parcela delas) que estão lentamente deixando de ser cristãs, mas que ainda atendem por esse nome, e algumas delas fazem parte do clero. Outras estão se tornando gradativamente cristãs, embora ainda não assumam esse nome. Há também aquelas que não aceitam a doutrina sobre Cristo completamente, mas que se sentem fortemente atraídas por ele, de modo que são dele em um sentido muito mais profundo do que elas mesmas conseguem entender. Existem pessoas em outras religiões que estão sendo guiadas pela influência secreta de Deus para se concentrar naquelas partes da religião que estão em concordância com o cristianismo e, dessa forma, pertencem a Cristo sem o saber. Por exemplo, um budista de bom temperamento pode ser levado a se concentrar cada vez mais no ensinamento budista sobre a graça e deixar para segundo plano o ensinamento de determinados outros pontos (embora ele possa ainda afirmar que crê nessa doutrina). Muitos dos bons pagãos, que viveram bem antes do nascimento de Cristo, poderiam ter estado nessa posição, e é claro que sempre haverá uma grande quantidade de pessoas que se mostram mais do que confusas e que têm um monte de crenças inconsistentes, todas misturadas numa grande miscelânea. Consequentemente, não há muita serventia em tentar emitir juízos sobre cristãos e não cristãos tomados em conjunto. Pode até haver alguma utilidade em comparar cachorros e gatos, ou mesmo homens com mulheres, tomados como um todo,

porque nesses casos, sabemos quem é quem. Além disso, um animal não se transforma (nem lentamente, nem repentinamente) de cachorro em gato, mas, quando estamos comparando de modo geral cristãos e não cristãos, normalmente não estamos pensando em duas ideias vagas que adquirimos dos romances e jornais. Se você quiser comparar um mau cristão e um bom ateu, deve pensar sobre dois espécimes reais com os quais se confrontou de verdade. Se não nos referirmos assim, aos fatos concretos, a única coisa que estaremos fazendo é perder tempo.

2) Suponha que estejamos nos referindo a fatos concretos e estejamos falando agora não acerca de um cristão e de um não cristão imaginário, mas sobre duas pessoas reais de nossa própria vizinhança. Mesmo nesse caso, temos de ter o cuidado de fazer a pergunta certa. Se o cristianismo for verdadeiro, concluímos *(a)* que qualquer cristão será mais bondoso do que ele mesmo teria sido se não fosse cristão. *(b)* Que qualquer pessoa que se torne cristã será mais bondosa do que era antes, da mesma forma que, se a propaganda do creme dental da *Colgate* fosse verdadeira, poderíamos concluir *(a)* que qualquer um que o utilize terá dentes melhores do que se não o utilizasse e *(b)* que qualquer um que começar a utilizar o creme dental terá dentes melhores. Mas o fato de que eu, que uso *Colgate* (e também herdei uma dentição ruim dos meus pais), não tenho dentes tão fortes quanto um jovem saudável com boa dentição que, porventura, nunca usou algum creme dental, não prova, por si só, que a propaganda é mentirosa. A srta. Bates, que é cristã, pode ter uma língua mais venenosa do que Dick Firkin, que não é cristão. Isso, por si só,

não nos diz se o cristianismo funciona ou não. A questão é como seria a língua da srta. Bates se ela não fosse cristã, e como a de Dick seria caso se tornasse cristão. A srta. Bates e Dick têm determinados temperamentos em consequência de causas naturais e de sua criação, e o cristianismo professa colocar ambos os temperamentos sob uma nova direção se cada um deles assim o permitir.

Você tem todo o direito de perguntar se essa direção, uma vez que lhe seja permitido assumir o controle, traz melhorias ao empreendimento. Todos sabem que o que está sendo administrado no caso de Dick Firkin é bem *melhor* do que no caso da srta. Bates. Mas não é esse o ponto. Para julgar a administração de uma fábrica, você tem de considerar não apenas a produção, mas seu parque tecnológico. Ao considerarmos o parque tecnológico da fábrica A, chegaremos à conclusão de que seria um milagre ela produzir qualquer coisa; ao considerarmos as instalações modernas da Fábrica B, sua produção, embora alta, poderia ser bem menor do que deveria ser. Não há dúvida de que o bom administrador da Fábrica A investirá em novo maquinário assim que puder, mas isso leva tempo. Nesse meio-tempo, o baixo nível de produção não será prova do seu fracasso.

3) Agora, vamos um pouco mais a fundo. O administrador está querendo investir em novo maquinário: antes de Cristo ter encerrado o serviço com a srta. Bates, ela será muito "boa" de fato, mas, se deixarmos as coisas por isso mesmo, poderia parecer que o único objetivo de Cristo seria empurrar a srta. Bates para o mesmo nível em que Dick já estava. Estivemos falando, na verdade, como se

Dick fosse um sujeito bom; como se o cristianismo fosse algo de que as pessoas perversas necessitassem e as bondosas pudessem se dar ao luxo de dispensar; é como se o ato de ser bondoso fosse tudo o que Deus exigisse. Mas esse seria um equívoco fatal. A verdade é que, aos olhos de Deus, Dick Firkin precisa da "salvação" tanto quanto a srta. Bates. Em certo sentido (vou explicar em qual daqui a pouco), o ser bondoso dificilmente entra em questão.

Você não pode esperar que Deus olhe para o temperamento plácido e para a predisposição amistosa de Dick exatamente como nós fazemos, uma vez que resultam das causas naturais que Deus mesmo criou. Sendo meramente temperamental, eles desaparecerão por completo quando Dick tiver uma indigestão. O ser bondoso ou não, na verdade, é o presente de Deus para Dick, não o de Dick para Deus. Da mesma forma, Deus permitiu que causas naturais trabalhassem em um mundo devastado por séculos de pecado para produzir, na srta. Bates, a mente fechada e os nervos à flor da pele que explicam a maior parte de sua maldade. Ele pretende, de acordo com seu tempo perfeito, colocar essa área da vida dela nos eixos, mas essa não é a parte crítica do negócio para Deus, pois não apresenta dificuldades. Não é essa a sua expectativa. O que ele está buscando, esperando e trabalhando para obter é algo que não é fácil nem mesmo para Deus, porque, dada a natureza do caso, nem mesmo ele pode produzi-lo por um mero ato de poder. Ele está buscando e esperando por isso em ambos, na srta. Bates e no sr. Dick Firkin. Trata-se de algo que eles podem dar livremente a Deus ou negar-lhe. Será que eles vão se voltar para Deus e, assim, realizar o único propósito para o qual foram criados? Seu livre-arbítrio está trepidando dentro deles como a agulha de uma bússola. Mas essa é uma agulha dotada do poder de escolha. Ela *pode* apontar para o verdadeiro Norte; mas não precisa. Será que a agulha vai girar e se firmar, apontando para Deus?

Ele pode ajudá-la a fazer isso, mas não pode forçá-la. Ele não pode, por assim dizer, estender a sua própria mão e puxá-la para a posição correta, pois, nesse caso, ela já não seria livre. Será que ela apontará para o Norte? É dessa questão que tudo depende. Será que a srta. Bates e Dick vão oferecer suas naturezas a Deus? Se as naturezas que eles oferecem ou detêm são, no momento, gentis ou malvadas, é uma questão de importância secundária. Deus pode resolver essa parte do problema.

Não me entenda mal. É claro que Deus considera uma natureza maldosa algo ruim e deplorável, e é claro que ele se refere a uma natureza gentil como algo bom — bom como um pedaço de pão, um raio de sol ou a água. Mas essas são coisas boas que ele dá e nós recebemos. Ele criou os bons nervos de Dick e sua boa digestão, e há muito mais de onde essas características vieram. Não custa nada para Deus, até onde sabemos, criar coisas boas, mas, converter vontades rebeldes custou-lhe a crucificação. E por serem vontades, elas podem — tanto em pessoas boas quanto em pessoas maldosas — recusar sua solicitação. E, então, como a gentileza de Dick simplesmente fazia parte da natureza dele, tudo isso vai se desfazer no final. A própria natureza vai passar. As causas naturais se reuniram em Dick para produzir um padrão psicológico agradável, da mesma forma que elas se reúnem em um pôr do sol para produzir um belo padrão de cores. Logo (pois é assim que a natureza funciona) elas novamente vão se desfazer e, em ambos os casos, o padrão vai desaparecer. Dick teve a chance de transformar (ou melhor, deixar Deus transformar) esse padrão momentâneo na beleza de um espírito eternal, mas ele não a aproveitou.

Há um paradoxo aqui. Enquanto Dick não se voltar para Deus, ele vai achar que a bondade é propriedade sua, mas enquanto ele pensar assim ela não será dele. Quando Dick se dá conta de que a condição de ser bondoso não é sua, mas um presente de Deus, e, quando ele a oferecer de volta a Deus, então essa qualidade começa a ser propriedade realmente sua. Por enquanto, Dick está começando a participar de sua própria criação. As únicas coisas que podemos manter são as coisas que damos livremente para Deus. O que tentamos guardar para nós é precisamente o que podemos ter certeza de perder.

Não deve, portanto, causar surpresa o fato de encontrarmos em meio aos cristãos algumas pessoas que continuam sendo partícipes do mal. Há até uma razão, se você pensar bem sobre o assunto, por que se pode esperar que as pessoas do mal se voltem para Cristo em maior número do que as bondosas. Foi isso que as pessoas contestaram em Cristo ao longo da sua vida na Terra: ele parecia atrair "essas pessoas detestáveis". É disso que as pessoas vivem reclamando e sempre reclamarão. Você não vê o porquê? Cristo disse: "Bem-aventurados os pobres" e "Quão difícil é para os ricos entrar no Reino de Deus", e, sem dúvida, ele se referia aos essencialmente ricos e pobres do ponto de vista econômico.

Mas será que as palavras de Cristo não se aplicam também a outro tipo de riqueza e de pobreza? Um dos perigos de se ter muito dinheiro é que você pode ficar bem satisfeito com os tipos de felicidade que o dinheiro traz e, assim, deixar de se dar conta de que necessita de Deus. Se tudo parece vir a você simplesmente assinando cheques, você poderá esquecer que é totalmente dependente de Deus em todo o momento. Agora, é claro e certo que os dons naturais carregam em si um perigo similar. Se você é corajoso, inteligente, saudável, popular e tem boa formação, é provável que fique plenamente satisfeito com o seu caráter tal como ele é. "Por que colocar Deus nisso?", você poderia perguntar. Você consegue adotar certo nível de boa conduta com bastante facilidade. Você não é nenhuma dessas criaturas desprezíveis que estão sempre caindo nas armadilhas do sexo, da dipsomania, do nervosismo ou do mau humor. Todo mundo diz que você é um cara legal, e (cá para nós) você concorda com eles. Você está propenso a acreditar que toda essa simpatia vem de seu próprio ser e poderá deixar de sentir a necessidade de obter qualquer tipo melhor de bondade. Muitas vezes, as pessoas que têm todos esses tipos naturais de bondade não podem ser levadas a reconhecer sua absoluta necessidade de Cristo até o dia em que a sua bondade natural os abandona e a sua autoestima é arrasada. Em outras palavras, é difícil para aqueles que são "ricos" nesse sentido entrarem no Reino.

O caso das pessoas perversas é bem diferente — as pequenas, vis, tímidas, pervertidas, covardes e individualistas ou as passionais, sensuais e desequilibradas. Qualquer tentativa no sentido da bondade que elas fizeram vai fazê-las aprender em dois minutos que necessitam de ajuda. É Cristo ou nada para elas. É tomar a cruz e seguir — ou, então, entregar-se ao desespero. Elas são (no sentido real e terrível) as ovelhas perdidas, e ele veio especialmente para encontrá-las. São os "pobres", aqueles que Cristo abençoou. São a "turma da pesada" com a qual ele andava — e é claro que os fariseus ainda dizem, como diziam desde o começo, que "se houvesse algo de bom no cristianismo, essas pessoas não seriam cristãs".

Há um alerta ou um encorajamento aqui para cada um de nós. Se você é uma pessoa "boa" — se a virtude lhe cai bem —, tome cuidado! Muito se espera daqueles para quem muito é dado. Se você toma como seus próprios méritos o que na verdade são dons que Deus lhe deu por sua natureza e se contenta em simplesmente ser bondoso, continua no estado de rebeldia: tudo o que esses dons lhe proporcionarão é a mais terrível queda, a mais complicada corrupção, o mais desastroso mau exemplo. O diabo já foi um arcanjo; os dons naturais dele estavam tão acima dos seus quanto os seus estão acima daqueles dos de um chimpanzé.

Mas, se você é uma pobre criatura — contaminada por uma criação miserável num lar cheio de invejas vulgares e brigas sem sentido — vítima, contrariamente à sua vontade, de alguma perversão sexual repugnante — corroído, dia após dia, por um complexo de inferioridade que o faz ser grosseiro com seus melhores amigos —, não se desespere. Ele sabe de tudo. Você é um dos pobres que Deus abençoou. Ele sabe que lata velha você está tentando dirigir. Não desista. Dê o seu melhor. Um dia (quem sabe em outro mundo, mas quem sabe muito antes disso) ele vai jogar tudo isso no ferro-velho e lhe dar um novo carro. E então, quem sabe você consiga surpreender a todos — pelo menos a si mesmo, pois terá aprendido a dirigir em uma escola dura. (Alguns dos últimos serão os primeiros e alguns dos primeiros serão os últimos).

Ser "bondoso" — ter uma personalidade bem estruturada, íntegra — é uma coisa excelente. Devemos tentar, por todos os meios médicos, educacionais, econômicos e políticos que estão ao nosso alcance, produzir um mundo em que o máximo de pessoas cresçam e se tornem pessoas "bondosas", da mesma forma que devemos tentar produzir um mundo em que todos tenham o suficiente para comer. Mas não devemos supor que, mesmo se tivermos sucesso em fazer com que todos sejam bondosos, teremos salvado essas almas. Um mundo de pessoas boas, satisfeitas com sua própria bondade, que não olham para além disso e dão as costas para Deus estaria tão desesperadamente precisando de salvação quanto um mundo miserável — e poderia até ser um mundo mais difícil de salvar.

Pois a mera melhoria não é redenção, embora a redenção sempre melhore as pessoas, mesmo aqui e agora; e irá, no final, aprimorá-las até um nível que não podemos sequer imaginar. Deus se tornou homem para transformar as criaturas em filhos, ou seja, não simplesmente para produzir homens melhores, mas sim uma nova espécie de ser humano. Não é o mesmo que ensinar um cavalo a saltar cada vez melhor, mas sim como transformar o cavalo em uma criatura alada. É claro que, uma vez que ele tenha ganhado asas, vai voar por cima das cercas que ele nunca antes poderia ter saltado e, assim, derrotar o cavalo natural em seu próprio jogo. Mas pode haver um período em que ele não poderá fazer isso, que é quando as asas tiverem apenas começado a crescer; nesse estágio, as protuberâncias nos seus ombros — ninguém poderia dizer, de olhar para elas, que elas se tornariam asas — poderiam até lhe dar uma aparência desagradável.

Mas talvez já tenhamos gastado tempo demais nessa questão. Se o que você quer é um argumento contra o cristianismo (e eu lembro bem de com quanta avidez buscava tais argumentos na época em que comecei a temer que ele fosse verdadeiro), poderá facilmente achar algum cristão tolo e medíocre, e gritar: "Então, é esse o novo homem de que tanto se gabam! Para mim, a espécie antiga era melhor". Mas, uma vez que você tenha começado a ver, com base em outros motivos, que o cristianismo é verossímil, saberá no seu coração que isso não passará de uma tentativa sua de fugir do assunto. O que é que você pensa que sabe a respeito das almas das outras pessoas — suas tentações, suas oportunidades e suas lutas? Você conhece apenas uma única alma em toda a criação: é a única cujo destino está depositado em suas mãos. Se houver um Deus, você está, por assim dizer, sozinho diante dele. Você não pode dispensá-lo com especulações sobre seu próximo ou memórias do que leu nos livros. Que diferença fará toda essa tagarelice e esse mi-mi-mi (você seria realmente capaz de se lembrar de tudo isso?) quando a neblina anestésica que chamamos de "natureza" ou "mundo real" se dissipar e a Presença na qual você sempre esteve se tornar palpável, imediata e inevitável?

CAPÍTULO 11

As novas criaturas

No capítulo anterior, comparei a obra de Cristo da criação do novo ser humano ao processo de mutação de um cavalo numa criatura alada. Usei esse exemplo extremo a fim de enfatizar o ponto de que não se trata de mero aprimoramento, mas de transformação. Um paralelo mais próximo a isso no reino natural pode ser encontrado nas transformações marcantes que podemos provocar nos insetos aplicando neles certa dose de radiação. Algumas pessoas acham que foi assim que a evolução se deu. As alterações nas criaturas, das quais tudo depende, podem ser produzidas pela radiação vinda do espaço sideral. (É claro que, uma vez que as alterações tiverem ocorrido, entra em funcionamento o que foi denominado "Seleção Natural", isto é, as alterações úteis subsistem e as outras são extirpadas).

Talvez um homem moderno possa entender melhor a ideia cristã se a considerar em relação à evolução. Nos dias atuais, todo mundo já ouviu falar da evolução (embora, é claro, algumas pessoas instruídas não acreditem nela); todos foram ensinados que o homem evoluiu de espécies de vida inferiores. Consequentemente, as pessoas muitas vezes se perguntam: "Qual será o próximo passo? Quando vai surgir algo além do homem?" Autores bem criativos tentam, às vezes, imaginar o passo seguinte — o "Super-Homem", como eles o chamam; mas em geral o que eles fazem é apenas retratar seres bem piores do que o ser humano como o conhecemos e, depois, tentam corrigi-lo acrescentando-lhes pernas ou braços extras. Mas suponhamos que o próximo passo seja algo bem diverso dos passos anteriores, algo diferente de tudo o que eles pudessem imaginar. E não é bem provável que assim seja? Há milhares de séculos, criaturas imensas e pesadamente encouraçadas evoluíram. Se alguém daquela época estivesse observando o curso da evolução, provavelmente teria esperado que ela partiria para couraças cada vez mais pesadas, mas teria se enganado redondamente. O futuro tinha uma carta na manga, a qual, naquele tempo, ninguém poderia prever. Era para despontarem nele pequenos animais nus, desprovidos de couraças, dotados de cérebros aprimorados, com os quais iriam conquistar o planeta todo. Eles não apenas teriam mais poder do que os monstros pré-históricos, como também teriam um novo tipo de poder. O próximo passo não seria apenas diferente, mas assumiria um novo tipo de diferença. O fluxo da evolução não correria na direção em que todos o viam correr: na verdade, entraria numa curva acentuada.

Agora, parece-me que a maioria das especulações populares sobre o próximo passo comete o mesmo tipo de erro. As pessoas veem (ou pelo menos pensam que veem) os seres humanos desenvolvendo grandes mentes e alcançando um controle maior sobre a natureza. E por pensarem que a correnteza está fluindo nessa direção, imaginam que ela vai continuar assim. Mas não consigo deixar de pensar que o próximo passo será realmente novo; ele seguirá para uma direção que ninguém jamais imaginou, e dificilmente seria chamado de passo novo se não fosse dessa maneira. Não era de se esperar apenas a diferença, mas também um novo tipo de diferença. Não era de se esperar meramente a mudança, mas também um novo método de produzir a mudança. Ou, para usar um paradoxo, não era de se esperar que o próximo estágio da evolução sequer fosse um estágio: era de se esperar que a evolução em si, como um método de produzir mudança, fosse superada. E, por fim, não seria surpresa que, quando a coisa fosse acontecer, pouquíssimas pessoas notassem que ela estivesse acontecendo.

Ora, se podemos nos atrever a continuar falando nesses termos, a visão cristã diz precisamente que o próximo passo já foi dado, e ele é realmente novo. Não se trata da mutação de seres humanos dotados de cérebro para seres humanos dotados de mais massa encefálica: trata-se de uma mutação que se desvia para uma direção totalmente diferente — uma transformação que se dá do estado de criaturas de Deus para o de filhos de Deus. O primeiro exemplo apareceu na Palestina há dois mil anos. Em certo sentido, a mutação não é sequer uma "evolução", porque não é algo que surge a partir de uma sequência natural dos eventos, mas algo que ingressa na natureza a partir de fora. Mas isso é precisamente o que se esperava. Chegamos à nossa ideia de "evolução" estudando o passado. Se há realmente novidades à nossa espera, então é claro que nossa ideia, baseada no passado, não vai, de fato, dar conta delas. E, na verdade, esse novo passo não se distingue de todos os anteriores apenas por sua natureza vinda de fora, mas de diversas outras maneiras:

1) Ela não se desenvolve pela reprodução sexual. Será que isso é de se surpreender? Havia uma época, antes do aparecimento do sexo, em que o desenvolvimento costumava ocorrer por diferentes métodos. Consequentemente, é de se esperar que venha o tempo em que o sexo desapareça ou, então (que é o que está acontecendo atualmente), uma época em que o sexo, embora continue a existir, deixe de ser o canal principal do desenvolvimento.

2) Nos estágios anteriores, os organismos vivos tiveram nenhuma escolha ou pouca escolha na hora de dar o próximo passo. O progresso era, principalmente, algo que acontecia com eles, não algo que eles faziam. Mas o novo passo, o da transformação de criaturas para filhos, é voluntário — pelo menos em certo sentido. Não é voluntário no sentido de que nós, sozinhos, poderíamos tê-lo dado ou sequer tê-lo imaginado; mas é voluntário no sentido de que, se ele nos é oferecido, podemos recusá-lo. Podemos, se assim for do nosso agrado, recuar — podemos enfiar nossa cabeça na areia e deixar a nova humanidade prosseguir sem nós.

3) Eu chamei Cristo de "primeiro exemplo" do novo ser humano, mas é claro que ele é muito mais do que isso. Ele não é meramente um novo homem, um espécime das espécies, mas *o* novo homem. Ele é a origem, o centro e a vida de todos os novos seres humanos, e veio ao universo criado, por sua própria vontade, trazendo com ele sua *Zoé*, a nova vida. (Quero dizer, nova para nós, é claro, pois, em

seu próprio habitat, *Zoé* sempre existiu.) E ele a transmite não por hereditariedade, mas pelo que chamei de "bom contágio". Todos os que a contraem, contraem-na pelo contato pessoal com Cristo. Outras pessoas se tornam "novas" por estarem "nele".

4) Esse passo é dado numa velocidade diferente das anteriores. Comparado com o desenvolvimento do ser humano neste planeta, a difusão do cristianismo pela humanidade parece ocorrer na velocidade de um raio — pois dois mil anos não são quase nada na história do universo. (Nunca se esqueça de que todos nós ainda somos os "cristãos primitivos". As nefastas e ociosas divisões presentes entre nós são, assim esperamos, doenças de infância; ainda estamos em fase de crescimento. O mundo exterior, sem dúvida, pensa precisamente o contrário. Ele pensa que estamos morrendo de velhice, mas não é a primeira vez que se pensa assim. Repetidas vezes ensinou-se que o cristianismo estava morrendo: por perseguições vindas de fora e corrupções a partir de dentro, pelo crescimento do mundo islâmico e advento das ciências físicas, pelo surgimento de grandes movimentos revolucionários anticristãos. Mas o que aconteceu no mundo foi o desapontamento. Sua primeira decepção foi com relação à crucificação. O homem reviveu. Em certo sentido — e eu percebo o quanto isso deveria lhes parecer terrivelmente injusto —, isso continuou acontecendo desde então. Eles continuam a matar o que Cristo começou, e toda vez, da mesma forma que estão afofando a terra da sua cova, eles subitamente ouvem que ele ainda está vivo e irrompeu em algum outro lugar. Não me admira que eles nos odeiem.)

5) Mas há mais em jogo do que isso. Regredindo para passos anteriores, uma criatura perde, na pior das hipóteses, seus poucos anos de vida sobre a terra; mas muitas vezes não perde nem sequer isso. Regredindo um passo nesse caso, perdemos o prêmio que é (no sentido mais estrito da palavra) infinito, pois agora terá chegado o momento crítico. Por séculos a fio, Deus guiou a natureza até chegar ao ponto de produzir criaturas que são capazes (se assim o desejarem) de ser retiradas diretamente da natureza, de se tornarem "deuses e deusas". Será que se deixarão capturar? De certa forma, é como a crise do nascimento. Enquanto não ressuscitarmos e seguirmos a Cristo, continuaremos a ser parte da natureza, a estar no ventre da nossa grande mãe. Sua gravidez foi longa, sofrida e tensa, mas ela chegou ao seu clímax. O grande momento é chegado. Tudo está pronto. O médico está aqui. Será que o parto "transcorrerá sem problemas"? Mas é claro que é diferente de um nascimento comum em um sentido importante. Em um nascimento comum, o bebê não tem muita escolha, mas, aqui, tem. Eu me pergunto o que um bebê comum faria se tivesse o poder de escolher. Ele poderia preferir ficar no escurinho, quentinho e na segurança do ventre, pois com certeza acharia que o ventre era sinônimo de segurança. Mas ele estaria redondamente enganado, pois, se permanecesse lá, morreria.

Foi sob essa perspectiva que a coisa aconteceu: o novo passo foi dado e está sendo dado. Os novos seres humanos já estão esboçados aqui e ali e dispersos por toda a Terra. Alguns, como eu já disse, nem sequer são reconhecíveis, mas outros já o são. Deparamos com eles volta e meia. Suas próprias vozes e suas faces são diferentes das nossas — são mais fortes, mais calmas, mais felizes, mais radiantes. Eles partem de onde a maioria de nós para, e são, como eu disse, reconhecíveis, mas você tem de saber pelo que procurar. Eles não serão muito semelhantes à ideia de "pessoas religiosas" que você formou a partir de sua leitura genérica e não chamam a atenção para si. Você tende a pensar que está sendo gentil com eles quando são eles que o estão sendo com você. Eles o amam mais do que os outros seres humanos o fazem, mas necessitam menos de você. (Temos de superar o desejo de nos sentirmos requisitados — para algumas pessoas que se acham "boazinhas", especialmente mulheres, essa é a tentação mais difícil de resistir.) Normalmente vai parecer que eles têm tempo de sobra, e você vai se perguntar de onde esse tempo vem. Quando tiver reconhecido o primeiro desses novos seres humanos, vai reconhecer o próximo com muito mais facilidade. E suspeito fortemente (mas como é que vou saber com certeza?) que eles reconhecem uns aos outros de forma imediata e infalível, apesar de toda e qualquer barreira de cor, gênero, classe, idade ou mesmo de credos. Dessa forma, ter sido santificado é mais parecido com entrar numa sociedade secreta. No mínimo, deve ser uma grande *diversão*.

Mas você não deve imaginar que os novos seres humanos sejam todos iguais no sentido comum. Boa parte do que eu escrevi neste último livro pode fazê-lo supor que era obrigatório que fosse assim. Tornar-se um novo ser humano significa perder o que agora chamamos de "nós mesmos". Temos de sair de nós mesmos e entrar em Cristo. A vontade dele tem de se tornar a nossa, e devemos pensar os pensamentos dele, devemos "ter a mente de Cristo", conforme diz a Bíblia. E, se Cristo é um só, e se, dessa forma, é para ele estar "em" nós todos, nós não deveríamos ser todos exatamente iguais? Certamente soa como se fosse esse o caso, mas na verdade não é assim.

É difícil apresentar uma boa ilustração aqui, pois é claro que não há duas coisas relacionadas entre si da mesma forma que o Criador se relaciona com uma de suas criaturas. Mas vou tentar apresentar duas ilustrações muito imperfeitas que podem dar uma pista da verdade. Imagine um conglomerado de pessoas que sempre viveu no escuro. Aí você vem e tenta descrever para elas o que é a luz. Você pode dizer-lhes que, se elas vierem à luz, essa mesma luz iria incidir sobre todas elas, e todas elas iriam refleti-la e, assim, se tornar o que chamamos de "visíveis". Não seria possível que elas imaginassem isso, visto que estavam recebendo a mesma luz, e por todos reagirem da mesma forma a ela (isto é, todos estavam a refleti-la), será que todos se pareceriam? Na verdade, porém, você e eu sabemos que a luz vai, isso sim, revelar ou expor o quanto somos diferentes. Ou, então, suponha que exista um indivíduo que jamais tenha provado sal. Dê-lhe um punhado para provar e ele vai experimentar um gosto particularmente forte. Então, você diz a ele que em seu país as pessoas usam sal para temperar todos os tipos de alimentos. E talvez ele respondesse: "Nesse caso, suponho que todos os seus pratos tenham exatamente o mesmo gosto, porque o sabor desse negócio que você acabou de me dar é tão forte que vai acabar com o gosto de qualquer outra coisa". Mas você e eu sabemos que o efeito real do sal é exatamente o contrário. Então, longe de acabar com o gosto do ovo, da dobradinha e do repolho, na verdade ele os realça. Eles não mostram o seu real sabor enquanto você não acrescentar sal. (É claro que, conforme eu o alertei, essa não é uma ilustração realmente boa, porque você pode, no fim das contas, acabar com todos os demais sabores exagerando no sal, mas não pode acabar com o gosto da personalidade humana exagerando na *dose* de Cristo. Estou tentando retratar da melhor maneira possível.)

É algo parecido que acontece na nossa relação com Cristo. Quanto mais abrirmos mão de "nós mesmos" e deixamos Cristo assumir o controle, mais verdadeiramente nos tornamos nós mesmos. Há tanto dele que milhões e milhões de "pequenos Cristos", todos diferentes entre si, seguirão não sendo suficientes para expressá-lo completamente. Foi ele que os fez a todos. Ele inventou — como um autor inventa personagens num romance — todos os humanos diferentes que você e eu fomos criados para ser. Nesse sentido, nosso eu verdadeiro está esperando completamente nele. Não adianta tentar ser eu mesmo sem ele. Quanto mais eu resisto a ele e tento viver independentemente dele, mais me deixo dominar pela minha própria hereditariedade, pela criação, pelo ambiente e pelos desejos naturais. Na verdade, o que eu chamei tão orgulhosamente de "eu mesmo" torna-se meramente o ponto de encontro para sequências de eventos aos quais dei início e que não consigo interromper. O que eu chamo de "meus desejos" se tornam meramente os desejos gerados pelo meu organismo físico ou por coisas que são injetadas em mim pelos pensamentos de outras pessoas ou mesmo sugeridas a mim por demônios. O que eu como, o que eu bebo e a qualidade do meu sono são os verdadeiros fatores que influenciam minha escolha de fazer amor com uma garota que está sentada na minha frente na cabine do trem. Considero essa decisão altamente pessoal e bem pensada, e por isso me orgulho. É na propaganda que encontramos a verdadeira origem daquilo a que eu me refiro como minhas próprias ideias políticas pessoais. Em meu estado natural, não sou tanto a pessoa que eu gosto de pensar que sou, e a maior parte daquilo que eu chamo de "eu" pode ser explicada de outra forma com muita facilidade. É só quando me volto para Cristo, só quando abro mão de mim mesmo para entregar-me à sua Pessoa que começo a ter uma personalidade realmente minha.

No começo, eu disse que há Personalidades em Deus. Quero ir além dessa afirmação. Não há personalidades reais em nenhum outro lugar. Enquanto você não tiver se entregado a ele, não será um "eu" verdadeiro. A igualdade é mais frequente entre os seres humanos mais "naturais", não entre os que se entregaram a Cristo. Quão monotonamente iguais têm sido todos os grandes tiranos e conquistadores; quão gloriosamente diferentes todos os santos.

Mas é preciso que haja uma entrega real do seu eu. Você deve jogá-lo fora, por assim dizer, "às cegas". Cristo de fato vai lhe dar uma personalidade real, mas você precisa ir ao encontro dele para isso. Enquanto estiver preocupado com sua própria personalidade, você jamais caminhará na direção dele. O primeiríssimo passo é tentar esquecer tudo sobre o seu próprio eu, pois seu eu verdadeiro, novo (que é o de Cristo e também o seu, e seu precisamente porque é dele) não emergirá enquanto você estiver procurando por ele. Ele emergirá quando você estiver procurando por Cristo. Isso não lhe parece familiar? O mesmo princípio vale, como você deve saber, para as questões do dia a dia. Mesmo na vida social, você nunca passará uma boa impressão às outras pessoas enquanto estiver preocupado com o tipo de impressão que passará a elas. Ou então, na literatura e na arte, nenhuma pessoa que se preocupa com a originalidade jamais será original, ao passo que, se você simplesmente tentar falar a verdade (sem ligar a mínima para quantas vezes ela tenha sido dita anteriormente), irá, em noventa por cento dos casos, se tornar original sem nunca ter notado. Esse princípio está impregnado em toda a vida. Abra mão do seu eu e vai encontrá-lo de verdade. Ponha sua vida a perder e acabará por salvá-la. Submeta-se à morte, morte diária de suas ambições e de seus principais desejos, e também a morte de todo o seu corpo no final; submeta-se com cada fibra do seu ser, e acabará por encontrar a vida eterna. Não guarde nada para si. Nada de que você não tenha aberto mão de verdade será realmente seu. Nada em você que não tenha morrido será ressuscitado dos mortos. Se você buscar a si mesmo, só o que vai encontrar, no fim das contas, é o ódio, a solidão, o desespero, a ira, a ruína e a decadência. Mas, se você buscar a Cristo, acabará por encontrá-lo e, junto com ele, todas as demais coisas.

Cristianismo *puro e simples*

Outros livros de C.S. Lewis pela
Thomas Nelson Brasil

A abolição do homem
A última noite do mundo
Cartas a Malcolm
Cartas de um diabo a seu aprendiz
Deus no banco dos réus
O assunto do Céu
O peso da glória
Os quatro amores
Reflexões cristãs
Sobre histórias
Um experimento em crítica literária

Trilogia Cósmica

Além do planeta silencioso
Perelandra
Aquela fortaleza medonha

Este livro foi impresso em 2025, pela Ipsis,
para a Thomas Nelson Brasil. A fonte usada
no miolo é Adobe Caslon Pro corpo 12.
O papel do miolo é pólen bold 70 g/m².